Elaine Iljon Foreman & Clair Pollard

CBT

Therapi Ymddygiad Gwybyddol

Cyhoeddwyd gyntaf yng Nghymru yn 2020
gan Graffeg, adran o Graffeg Limited
24 Canolfan Busnes Parc y Strade, Llanelli SA14 8YP
www.graffeg.com

Cyhoeddwyd gyntaf yn y DU yn 2011 gan Icon Books Ltd,
Omnibus Business Centre,
39–41 North Road,
Llundain N7 9DP
e-bost: info@iconbooks.com
www.iconbooks.com

ISBN: 9781913134983

Hawlfraint y testun © 2011 Elaine Iljon Foreman a Clair Pollard
Addasiad: Testun Cyf.

Mae hawl foesol yr awduron wedi ei datgan.

Ni chaniateir atgynhyrchu unrhyw ran o'r llyfr hwn mewn unrhyw ddull,
na thrwy unrhyw gyfrwng, heb ganiatâd ysgrifenedig
ymlaen llaw gan y cyhoeddwr.

Yr awduron

Llyfrgelloedd Libraries

Please return/renew this item by the last date below
Dychwelwch/adnewyddwch erbyn y dyddiad olaf y nodir yma

Pontycymer
01656 754843

11/20

WEDI'I GYMRYD ODDI AR Y CYFLENWAD
WITHDRAWN FROM STOCK

awen-libraries.com

Nodyn gan yr awduron

Mae'n bwysig nodi bod llawer o ymchwil a ddefnyddir yn aml yn cael ei defnyddio mewn therapi ymddygiad gwybyddol. Lle'r ydyn ni'n gwybod pwy yw'r ffynhonnell rydyn ni wedi cynnwys y cyfeiriad, ond ymddiheurwn i ffynonellau unrhyw ddeunydd nad ydyn ni wedi llwyddo i'w crybwyll.

Cynnwys

Yr awduron — iii

Nodyn gan yr awduron — iv

1. Cyflwyno CBT — 1
2. ABC CBT — 8
3. Gwella'ch cwsg — 13
4. Rheoli gorbryder — 39
5. Trechu arferion drwg a meithrin rhai gwell — 98
6. Mynd i'r afael ag iselder — 127
7. Ymdopi â dyddiau du (CBT) — 163
8. Cynnal cynnydd a lleihau dychweliadau — 196
9. Beth nawr? Adnoddau defnyddiol eraill — 211

Diolchiadau — 237

Cyflwyno — 238

Mynegai — 239

Nodiadau — 241

1. Cyflwyno CBT

Nid gan bethau y mae dynion yn cael eu haflonyddu ond gan y syniadau maen nhw'n eu cymryd o'r pethau hynny ... pan, felly, fyddwn ni'n cael ein rhwystro, pan fydd rhywbeth yn tarfu arnom, neu pan fyddwn ni'n gofidio, peidiwn byth â beio neb ond ni'n hunain: hynny yw, ein penderfyniadau ni'n hunain.

Epictetus, Athronydd Groegaidd

Therapi Ymddygiad Gwybyddol: o ble daeth e?

Bydd rhai darllenwyr yn gyfarwydd ag enw Pavlov, a'i arbrofion cynnar yn y 1900au yn edrych ar y ffordd y gallai cŵn gael eu 'cyflyru' i lafoerio wrth glywed sŵn cloch. Ond does dim llawer o bobl yn gwybod mai astudio system dreulio bwyd cŵn roedd Pavlov yn ei wneud mewn gwirionedd ac mai digwydd sylwi ar yr 'atgyrch cyflyredig' wnaeth e. Fodd bynnag, fe agorodd faes newydd eang o astudiaeth oedd yn caniatáu dirnadaeth newydd i ddeall sut mae anifeiliaid yn dysgu. Wedi hynny, dim ond cam bach oedd trosglwyddo'r wybodaeth hon o greaduriaid pedair coes i rai dwy goes. A dyna sut daeth maes **therapi ymddygiad** i fodolaeth. Fe ddeilliodd o gymhwyso egwyddorion theori dysgu i'r broses o lunio ymddygiad anifeiliaid yn gyntaf, ac ymhen amser ymddygiad pobl, gan edrych ar ffyrdd y gallai newid ymddygiad o bosib fod o gymorth i liniaru 'anhwylderau' seicolegol.

Mae dechreuadau **therapi gwybyddol** yn y 1970au fel arfer yn cael eu priodoli i Dr Aaron Beck, a oedd yn wreiddiol yn seicdreiddiwr. Wrth weithio gyda chleifion isel eu hysbryd sylwodd eu bod yn profi cyfres o feddyliau negyddol, ac fe'u galwodd yn **feddyliau awtomatig**. Rhannodd nhw i dri chategori: meddyliau negyddol yn perthyn i'r hunan, i'r byd ac i'r dyfodol. Roedd gweithio i adnabod a herio'r meddyliau hyn yn galluogi cleifion i'w hailwerthuso'n fwy realistig. A'r canlyniad? Roedd y cleifion yn teimlo'n well ac yn dangos newidiadau cadarnhaol yn eu hymddygiad. Gallent feddwl mewn ffordd fwy cytbwys a realistig, gan deimlo'n well yn emosiynol ac ymddwyn mewn modd mwy gweithredol. Mae cysyniad allweddol therapi gwybyddol yn canolbwyntio ar sut rydyn ni'n prosesu gwybodaeth, ei threfnu a'i storio, ac yn cysylltu gwybodaeth newydd â hen wybodaeth. Mewn therapi gwybyddol rydyn ni'n canolbwyntio ar ddeall y ffordd mae pobl yn meddwl ac yn cymhwyso'r egwyddorion i drin anhwylderau seicolegol.

Yn y 1970au a'r 1980au roedd dadlau ffyrnig ynghylch therapi ymddygiad a therapi gwybyddol – a oedd y naill neu'r llall yn dal yr allwedd i ddeall neu oresgyn anawsterau seicolegol? Yn y pen draw daeth yn glir – er nad oes yna gytundeb cyffredinol pryd yn union y digwyddodd hyn – nad cystadleuaeth gydag enillydd a chollwr oedd yma. Dydy pobl ddim yn gweithredu ar egwyddorion ymddygiad yn unig, nac yn byw eu bywydau yn seiliedig ar feddwl yn unig. Yn y sylweddoliad hwn rydyn ni'n dod o hyd i wreiddiau CBT (Cognitive Behavioural Therapy).

Mae yna chwedl apocryffaidd am bapur a ysgrifennwyd yn y 1990au cynnar. Roedd yn ymwneud â deall natur a thriniaeth anhwylder gorbryder neilltuol. Credai'r awdur ym mhwysigrwydd y gwaith (pa awdur sydd ddim?!) ac roedd yn argyhoeddedig fod i'r ymchwil bwysigrwydd rhyngwladol. Ond roedd yna broblem – roedd dwy gynhadledd ryngwladol fel petaen nhw'n delio â'r un pwnc. Un oedd y World Congress of Behaviour Therapy, a'r llall oedd y World Congress of Cognitive Therapy. Roedd y ddwy gyngres ar ddau begwn cwbl wahanol, gyda'r gwahaniad cysyniadol yn cael ei adlewyrchu gan y gwahaniad daearyddol wrth i un gyngres gael ei chynnal yng Nghanada a'r llall yn Awstralia!

Sut oedd modd dod i benderfyniad? Fel arbrawf ymddygiad, anfonodd yr awdur yr un crynodeb yn union i'r ddwy gyngres. A'r canlyniad? Roedd y DDWY yn falch o dderbyn y papur fel un a oedd yn gwirioneddol gynrychioli'r ymchwil yn y maes hwnnw! A dweud y gwir, nid stori ddychmygol yw hon – awdur cyntaf y llyfr hwn oedd yr awdur dan sylw!

Felly, beth ddigwyddodd y flwyddyn ganlynol? Cafodd digwyddiad hanesyddol ei gynnal – The World Congress of Behavioural and Cognitive Therapies, yr un gyntaf erioed. Yn ffodus, roedd hyn yn golygu na fyddai Elaine o hynny ymlaen ond yn gorfod anfon ffrwyth ei hymchwil i un gynhadledd yn hytrach nag i ddwy!

Mae 'Therapi Ymddygiad Gwybyddol' modern – y CBT mae'r llyfr hwn yn ei archwilio – yn cymhwyso egwyddorion y ddwy ysgol o feddwl i'r dull o drin trallod seicolegol. Mae'n edrych ar y ffordd mae ein meddyliau, ein hemosiynau, ein hymddygiadau a'n cyflyrau corfforol yn rhyngweithio i achosi a chynnal anawsterau. Gan ein bod yn gwybod bod yr holl ffactorau hyn yn rhyngweithio, mae'n dilyn bod newid unrhyw un ohonyn nhw yn mynd i effeithio ar y lleill. Mae CBT yn canolbwyntio ar y ffordd y gallwn newid patrymau meddwl ac ymddygiad er mwyn teimlo'n well.

Nawr, bron i 20 mlynedd yn ddiweddarach, rydyn ni'n symud i mewn i'r hyn sy'n cael ei alw'n 'drydedd don' CBT. Yn lle dim ond 'meddwl' ac 'ymddygiad', mae CBT yn symud i mewn i feysydd oedd cynt yn cael eu hystyried yn bennaf gan draddodiadau eraill, yn y gobaith o wella dealltwriaeth yn ogystal â chanlyniadau. Felly, mae therapïau'r drydedd don yn cynnwys cysyniadau fel myfyrdod ymwybyddiaeth ofalgar, derbyniad, gwerthoedd a pherthnasoedd. Yn y ffyrdd newydd hyn o weithio mae llai o bwyslais ar newid cynnwys meddyliau; yn hytrach, mae'r pwyslais ar newid ein hymwybyddiaeth o'n meddyliau a'n perthynas â nhw. Os oes gennych ddiddordeb mewn darllen rhagor am hyn, edrychwch ar y rhestr o adnoddau sy'n cael eu hawgrymu ym Mhennod 9. Felly: ble rydyn ni arni nawr?

Beth yw Therapi Ymddygiad Gwybyddol?

Mae technegau Therapi Ymddygiad Gwybyddol (CBT) wedi'u datblygu o ganlyniad i ymchwil eang. Mae astudiaethau'n dangos bod triniaethau ar gyfer anhwylderau seicolegol wedi'u seilio ar egwyddorion CBT:

- Maen nhw'n effeithiol fel meddyginiaeth wrth drin llawer o anhwylderau seicolegol, ac yn aml yn *fwy* effeithiol wrth sicrhau newid hirhoedlog a rhwystro ail bwl.

- Maen nhw'n arbennig o effeithiol yng nghyd-destun problemau iechyd meddwl cyffredin fel gorbryder, iselder, ffobïau (gan gynnwys agoraffobia a ffobia cymdeithasol), straen, anhwylderau bwyta, anhwylder gorfodaeth obsesiynol, anhwylder straen wedi trawma ac anawsterau'n ymwneud â dicter.

- Maen nhw'n gallu bod o gymorth os nad oes gennych chi ryw lawer o feddwl ohonoch chi'ch hun, neu eich bod yn cael problemau iechyd corfforol fel poen neu ludded.

- Maen nhw'n gallu bod o gymorth hefyd i reoli problemau iechyd meddwl mwy difrifol fel anhwylder deubegynol (oedd yn arfer cael ei alw'n 'iselder manig') a seicosis.

Mae CBT yn gweithio ar yr egwyddor bod ein hymddygiad a'n hemosiynau'n dibynnu i raddau helaeth ar ein canfyddiad o'r hyn rydyn ni'n deall sy'n digwydd. Mae'r hyn rydyn ni'n ei feddwl ac yn ei ragweld yn gallu cael effaith sylweddol ar ein hymateb i ddigwyddiadau a phobl. Wedi i chi ddeall beth rydych chi'n ei feddwl, a sut i ddelio â'ch meddyliau, mae'n bosib i chi ddysgu eich hun i ymateb mewn ffordd wahanol. Gall y modd newydd hwn o feddwl ac ymddwyn eich arwain at ffordd o fyw a all fod yn fwy boddhaol, a dod yn rhan o'ch dull arferol o fyw.

Mae CBT yn defnyddio technegau ac ymarferion i'ch helpu i wneud newidiadau parhaol yn y ffordd rydych chi'n meddwl ac yn ymddwyn er mwyn eich helpu i deimlo'n well.

COFIWCH HYN

Yn y llyfr hwn rydyn ni'n canolbwyntio ar y sgiliau a'r technegau ymarferol sydd wedi'u datblygu trwy ddefnyddio egwyddorion CBT. Maen nhw wedi'u cyflwyno mewn fformat sy'n hawdd ei ddefnyddio, er mwyn i chi allu datblygu'r bywyd a'r ffordd o fyw sy'n iawn i chi. Rydyn ni wedi canolbwyntio ar feysydd mwyaf cyffredin y trallod meddyliol a'r anesmwythdra meddyliol sy'n rhan o brofiad nifer fawr o bobl.

NODWCH: Os ydych chi, ar unrhyw bwynt wrth weithio trwy'r llyfr hwn, yn teimlo bod pethau'n gwaethygu yn hytrach nag yn gwella, gofynnwch am help proffesiynol ar unwaith. Yn yr un modd, os byddwch yn isel eich hwyliau ac yn dechrau teimlo wedi'ch llethu, gwnewch yn siŵr eich bod yn gweld eich meddyg teulu neu un o'r gweithwyr proffesiynol iechyd meddwl sy'n cael eu disgrifio ym Mhennod 9.

2. ABC CBT

COFIWCH HYN

Rhagflaenwyr – Credoau – Canlyniadau

A = y Rhagflaenydd, yr achlysur neu'r digwyddiad cychwynnol sydd i bob golwg yn arwain at ymateb emosiynol.

B = ein Credoau, ein meddyliau, ein dehongliad neu ein gwerthusiad o'r digwyddiad hwnnw a'i achosion neu ei ystyr posib.

C = Canlyniadau'r ffordd honno o weld y digwyddiad – ein hymddygiad neu'n hymateb emosiynol iddo.

Dychmygwch eich bod yn y gwely yn y nos, ar eich pen eich hun yn y tŷ, ac yn clywed sŵn sydyn i lawr staer. Dyma'r rhagflaenydd, y digwyddiad cychwynnol – yr **A**.

Efallai eich bod yn meddwl y byddech yn gwybod ar unwaith sut fyddech chi'n ymateb neu'n teimlo yn y sefyllfa hon. Ond mewn gwirionedd mae ein teimladau a'n hymateb yn dibynnu'n gyfan gwbl ar sut rydyn ni'n dehongli'r **A**. Edrychwch ar y tri phosibilrwydd isod:

Gallech feddwl: 'O mam fach, mae sawl lladrad wedi digwydd yn yr ardal hon yn ddiweddar – mi fentra i mai nhw sy 'na.' Dyna fyddai'r gred neu'r meddwl – y **B**. Gallai teimlo'n ofnus neu hyd yn oed yn ddig ddilyn hyn. Dyna fyddai'r canlyniad, neu'r ymateb – yr **C**. Efallai mai'ch ymateb ymddygiadol (**C** arall) fyddai cuddio o dan y dillad gwely neu alw'r heddlu.

Gallech feddwl: 'Dyna'r mab yn dod adre'n hwyr eto ac yn mynd o gwmpas y lle fel eliffant – y drydedd waith yr wythnos hon – mae e wastad mor ddifeddwl!' – **B** cwbl wahanol. Yn yr achos hwn gallai'ch ymateb (**C**) hefyd fod yn eithaf gwahanol. Mae'n bosib y byddech yn teimlo'n ddig a rhwystredig iawn a'ch **C** ymddygiadol fyddai gweiddi arno neu ei gosbi mewn rhyw ffordd.

Ond gallech feddwl: 'Aaa! Dyna fy mhartner annwyl yn dod adre'n gynt na'r disgwyl i roi syrpréis i fi am fy mod i wedi bod yn teimlo braidd yn isel heddiw. Hyfryd!' Yna gallai eich teimladau (**C**) fod yn rhai cariadus a chadarnhaol a'ch ymateb ymddygiadol (**C** arall) fod yr un fath!

Felly, ym mhob un o'r enghreifftiau hyn mae'r **A** yn union yr un fath. Mae pob **C** yn gwbl wahanol. Beth sy'n achosi'r gwahaniaeth? Y **B**, ein credoau! Mae'r ffordd rydyn ni'n meddwl am y sefyllfa yn penderfynu'r ffordd rydyn ni'n teimlo amdani ac yn ymateb iddi.

Wrth gwrs, mewn bywyd go iawn mae pethau'n fwy cymhleth. Mae ein credoau'n cael eu heffeithio gan lu o ffactorau, yn cynnwys ein magwraeth, ein haddysg a phrofiadau'r gorffennol. Mae C ymddygiadol ac emosiynol mewn un sefyllfa yn bwydo i A a B sefyllfaoedd eraill, ac yn y blaen. Fodd bynnag, mae cadw'r egwyddorion syml hyn mewn cof yn gallu'n helpu ni i ddeall ac yna i wneud newidiadau mewn sawl maes o anawsterau.

Yn y llyfr hwn byddwn yn egluro sut mai ein B (credoau) i raddau helaeth sy'n achosi'r C (canlyniadau) sy'n peri straen, nid o reidrwydd y sefyllfa go iawn. Felly, os nad yw rhywun dan bwysau ynghylch cadw at ddyddiadau cau pwysig, traddodi cyflwyniad neu gyfarfod pobl newydd, mae hynny oherwydd ei fod yn *credu* y gall ymdopi'n dda ac felly dydy e ddim yn rhagweld unrhyw ganlyniadau trychinebus. Gall y ffaith nad yw e dan bwysau fel hyn ddod yn broffwydoliaeth hunangyflawnol – bydd yn peri iddo ymddwyn ac ymateb mewn ffyrdd cadarnhaol a fydd o bosib yn gwneud canlyniad llwyddiannus yn fwy tebygol. Pan fydd gennym ni gredoau sy'n ornegyddol, gall y gwrthwyneb ddigwydd.

Rhan allweddol yn y broses o herio credoau negyddol yw cwestiynu'r gorchmynion sy'n dweud *rhaid* i chi, *dylech* chi, neu hyd yn oed mae'n *orfodol* i chi gyflawni canlyniad neilltuol.

O ble mae'r gorchmynion hyn yn dod? Ydyn nhw'n neidio i mewn i'ch pen chi'n awtomatig, neu ydyn nhw'n bethau mae pobl eraill yn eu dweud wrthych chi? Os mai pobl eraill sy'n gyfrifol amdanyn nhw, oes yna unrhyw reswm i chi gytuno â nhw? Ydy pobl eraill o reidrwydd yn gywir bob amser? Beth fyddai'n digwydd pe baech chi'n methu? Fyddai hynny'n gwbl annioddefol? Ydy hi'n bosib eich bod chi'n gorliwio'r canlyniad? A phe bai e yn digwydd, oes yna ffordd y gallech chi ei ddioddef, hyd yn oed pe na baech yn ei hoffi? Wedi'r cwbl, does dim cyfraith yn dweud bod yn rhaid i chi ei hoffi! Heriwch y tybiaethau roeddech chi gynt yn eu derbyn yn ddigwestiwn. Gofynnwch i chi'ch hun sut gall methu un dyddiad terfyn olygu eich bod yn hollol ddi-werth yn y gwaith. Dydy hynny ddim braidd yn annheg? Fyddech chi'n barnu pobl eraill fel hyn?

Wrth ddod yn fwy ymwybodol o'r credoau sy'n gyrru'ch ymatebion a'ch ymddygiadau, gallwch wedyn wneud y credoau hynny'n fwy cytbwys, realistig a hyblyg, yn llai beichus a heb fod mor ddigyfaddawd. Pan fo credoau'n cael eu cymedroli, byddwch gan amlaf yn teimlo'n wahanol, yn emosiynol ac yn gorfforol. Mae hyn mewn gwirionedd yn eich galluogi i gael gwared ar 'drychinebu' a'i gymar, gohirio, a bwrw ymlaen â'r dasg mewn llaw. A'r canlyniad? Fel arfer byddwch yn teimlo'n llawer iawn gwell na chynt.

Edrychwch unwaith eto ar y dyfyniad o Epictetus ar ddechrau'r cyflwyniad. Er bod y geiriau wedi'u dweud dros 2,000 o flynyddoedd yn ôl, maen nhw'n dal i fod yn llygad eu lle, ac yn crynhoi'r datblygiadau diweddaraf mewn CBT.

Ond o ran adnabod y Rhagflaenwyr a'r Credoau, ac yna'u herio, yn eich meddwl ac yn eich ymddygiad, fel yn achos llawer peth arall mae'n haws dweud na gwneud.

Mae'n bwysig eich bod yn dweud wrthych chi'ch hun bod dysgu'ch ABC, fel unrhyw sgìl newydd, yn cymryd peth amser. Pan ddaw'r amser hwnnw i ben, byddwch yn gallu ei ymgorffori'n awtomatig yn eich rwtîn dyddiol.

COFIWCH HYN

Meddyliwch am y llyfr hwn fel ymarfer i'ch meddwl – wedi'r cwbl, rydych chi'n gwneud ymarferion, on'd ydych chi? Yn wir, gallwch hogi, tynhau a chadw'ch meddwl yn heini trwy wneud ymarferion rheolaidd yn y gampfa feddyliol. Pan fyddwch yn mynd i'r lle hwn, eich campfa feddyliol breifat, dyna pryd y byddwch yn ymarfer herio meddyliau di-fudd, gwyrgam, sy'n tarfu ar eich hwyliau. Bydd eich ymarferion yn eich cryfhau, wrth i chi ddatblygu nodweddion a chredoau newydd fydd yn gwella'ch perfformiad, yn lleihau'ch lefelau straen ac yn gwella'ch bywyd.

3. Gwella'ch cwsg

*Chwerthiniad iach a chwsg hir yw'r moddion gorau
yn llyfr y meddyg.*
Dihareb Wyddelig

*Gorffwyswch; mae cae sydd wedi cael gorffwys yn
cynhyrchu cynhaeaf toreithiog.*
Ovid, Bardd Rhufeinig

'Tic! Toc! Tic! Toc! Faint o'r gloch yw hi? Sut yn y byd alla i godi yn y bore os na alla i gysgu? Na! Mae'n rhaid bod mwy na phum munud ers i fi edrych ar y cloc ddiwetha!'

Pan fyddwn ni'n cysgu'n wael, gall bywyd ymddangos yn llawer mwy anodd. Mae bod yn flinedig yn gallu gwneud i ofidiau edrych yn llawer mwy ac yn fwy llethol. Gall ein perthynas ag eraill ddod dan straen oherwydd ein bod ni'n biwis neu'n ddiflas, ac mae tasgau a heriau bob dydd yn teimlo'n llawer mwy anodd ymdopi â nhw. Os ydych chi'n rhywun sy'n cael problemau gyda'ch cwsg, gallaf eich sicrhau nad chi yw'r unig un. Bydd y rhan fwyaf ohonon ni'n profi cyfnodau byr o ddiffyg cwsg ar adegau pan fyddwn ni'n drallodus, yn ofidus neu dan straen.

Sut ydw i'n gwybod bod gen i broblem gyda chysgu?

RHOWCH GYNNIG ARNI

Dyma ffordd hawdd o wybod a ydych chi'n dioddef anhwylder cysgu ai peidio. Atebwch YDW neu NAC YDW i'r cwestiynau isod:

Ydych chi'n:

1. Cael trafferth syrthio i gysgu yn y nos?

2. Cymryd mwy na hanner awr i syrthio i gysgu?

3. Cael bod eich meddwl yn gwrthod 'diffodd' a bod meddyliau'n dal i redeg a rasio trwy'ch pen?

4. Gofidio am bob math o bethau ac yn ei chael hi'n anodd anghofio am bopeth er mwyn ymlacio a syrthio i gysgu?

5. Cael trafferth mynd yn ôl i gysgu os bydd rhywbeth wedi'ch deffro?

6. Fel arfer yn deffro sawl gwaith yn ystod y nos, ac yn y bore bach?

7. Deffro'n gynnar iawn waeth pa mor hwyr oedd hi arnoch chi'n mynd i'r gwely?

8. Dioddef iselder?

Sgorio'ch canlyniadau

Os mai YDW oedd eich ateb i dri neu ragor o'r cwestiynau, fe allech chi fod yn dangos arwyddion o anhunedd (anhwylder cysgu). Yn y lle cyntaf mae bob amser yn werth siarad â'ch meddyg am y broblem oherwydd weithiau mae'n bosib bod rheswm meddygol; bydd y meddyg yn gallu'ch helpu i ddelio â'r broblem a'i goresgyn. Fodd bynnag, gadewch i ni dderbyn nad oes dim byd corfforol o'i le arnoch chi, a symud ymlaen o'r fan honno.

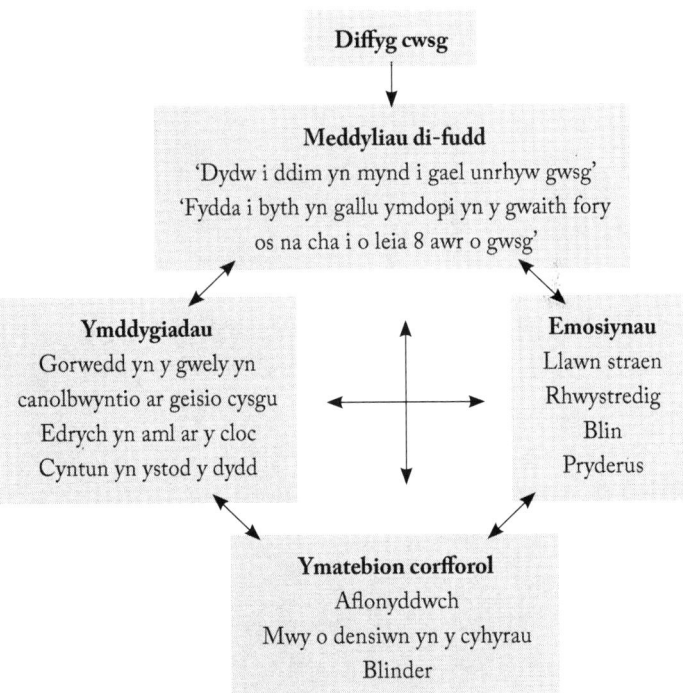

Sut gall CBT ein helpu i ddeall diffyg cwsg

Mae'r diagram uchod yn dangos sut y gall CBT ein helpu i ddeall beth sy'n cynnal problem gyda chysgu. Gall cyfnod o ddiffyg cwsg gael ei achosi gan lawer o bethau, ac yn y mwyafrif o achosion bydd yn para am ychydig nosweithiau ac yna'n pasio heb i chi orfod gwneud dim gwahanol i'r arfer.

Fodd bynnag, gall meddyliau, emosiynau, ymddygiad ac ymateb corfforol pobl sydd â phroblemau cysgu parhaus ryngweithio â'i gilydd gan barhau a chynnal yr anhawster. Y gwir amdani yw bod y cyfan yn troi'n gylch cythreulig – mwya'n y byd rydyn ni'n gofidio am gwsg, lleia tebygol ydyn ni o gysgu'n dda. Ac os cymerwn ni gyntun yn ystod y dydd am ein bod yn flinedig, rydyn ni unwaith eto'n lleihau pa mor debygol ydyn ni o gysgu'r nos.

ASTUDIAETH ACHOS – **Robert**

Mae Robert yn un sy'n pryderu'n ofnadwy. Mae e bob amser wedi bod yn llawn pryder, ond mae'n diodde'n llawer gwaeth pan mae'n wynebu terfynau amser pwysig yn y gwaith. Mae hyn yn effeithio ar ei gwsg. Mae e fel arfer yn cysgu'n dda ac yn teimlo wedi'i adfywio yn y bore, ond ar hyn o bryd mae'n cymryd oriau lawer iddo fynd i gysgu. Mae'n gorwedd yn effro ac yn pryderu. Yn ei ben mae'n mynd trwy bopeth a allai fynd o'i le pe bai'n methu ei derfyn amser. Mae'r posibiliadau'n mynd yn fwy a mwy brawychus. O fewn 10 munud o feddwl, mae e wedi methu cadw at y terfyn amser, wedi cael y sac, wedi colli'i gartref, ac mae e a'i deulu yn byw ar y gwynt. 'Mae hyn yn erchyll! Mae'n rhaid i fi stopio meddwl fel hyn!' Mae Robert yn edrych ar y cloc – '2 y bore! Bydd raid i fi godi mewn 5 awr … fe fydda i'n rhy flinedig fory i allu gwneud dim … dwi angen cael rhywfaint o gwsg NAWR! Ond alla i ddim.' Ac felly mae'n dechrau pryderu am ei bryder … ac mae'r pryderu'n dechrau unwaith eto …

ASTUDIAETH ACHOS – Aled

Cafodd Aled ei ddiswyddo'n ddiweddar. Mae'n gwneud ei orau glas i ddod o hyd i swydd newydd ac mae hynny'n effeithio ar ei hwyliau. Ar y dechrau, roedd yn mwynhau bod ag amser sbâr i wneud pethau o gwmpas y tŷ ac i gwrdd â ffrindiau, ond nawr mae'n cael trafferth i'w gymell ei hun i wneud unrhyw beth. Mae e wedi stopio gweld pobl am fod ganddo gywilydd ei fod yn ddi-waith, ac mae'n treulio oriau bwygilydd yn eistedd o flaen y teledu. Mae'n aml yn syrthio i gysgu ar y soffa yn ystod y dydd. Mae'n teimlo'n swrth ac yn gwbl ddiegni. Weithiau, ar ôl cael gwydraid neu ddau, mae'n syrthio i gysgu ar y soffa gyda'r nos, ac yn mynd i'w wely'n hwyr iawn. Mae'n syrthio'n ôl i gysgu'n eithaf hawdd, ond mae'n deffro'n aml ac yn cysgu'n wael. Yn aml mae'n deffro tua 3 neu 4 y bore ac yn methu'n lân â mynd yn ôl i gysgu. Yn ystod y dydd mae'n teimlo'n flinedig a phiwis.

Mathau o broblemau digon cyffredin gyda chysgu sydd gan Aled a Robert. Yn nes ymlaen yn y bennod hon fe edrychwn ni ar sut gallan nhw ddefnyddio technegau CBT i'w helpu. Am y tro, gadewch i ni feddwl ychydig mwy am gysgu a phatrymau cysgu. Dyma'r mathau mwyaf cyffredin o aflonyddwch cysgu:

- Anhawster syrthio i gysgu
- Anhawster aros ynghwsg
- Deffro'n gynnar
- Cwsg o ansawdd gwael.

Mae'r rhain i gyd yn golygu ein bod ni'n teimlo'n flinedig yn gorfforol ac yn feddyliol yn ystod y dydd.

Mae tystiolaeth yn dangos nad yw un neu ddwy o nosweithiau gwael o gwsg yn gwneud llawer o ddrwg i ni, dim ond yn gwneud i ni deimlo'n flinedig. Mae ymchwil yn dangos bod pobl sydd heb gael rhyw lawer o gwsg am un noson yn gallu cyflawni'u tasgau bron mor llwyddiannus ag y bydden nhw petaen nhw wedi cael eu cwsg arferol. Mae hyn yn golygu nad yw un noson ddi-gwsg – cyn arholiad neu gyfweliad, dyweder – yn debygol o effeithio'n sylweddol ar ein perfformiad. Efallai na fyddwn yn teimlo ar ein gorau ond gallwn ddal i wneud pethau bron cystal ag arfer.

Fodd bynnag, gall cyfnodau hir o gwsg aflonydd effeithio ar ein canolbwyntio, ac ar ein gallu i ddatrys problemau neu i wneud penderfyniadau. Os yw pobl yn gyrru neu'n defnyddio peiriannau, yna gall fod yn wirioneddol beryglus. Gall hefyd olygu ein bod yn teimlo'n isel ein hysbryd, yn bryderus ac yn flin. Ac wrth gwrs, mae'r newidiadau hyn yn ein hwyliau yn aml yn effeithio ar ein gwaith ac ar ein perthynas ag eraill.

Mae'n anodd iawn asesu'n union faint o gwsg rydyn ni wedi'i gael. Pan fydd pobl yn cael mesur eu cwsg mewn clinig, maen nhw'n aml yn synnu o ddeall eu bod wedi cysgu mwy nag roedden nhw wedi'i feddwl.

Faint o gwsg sydd ei angen arnon ni?

Mae faint o gwsg mae ar un person ei angen o gymharu ag un arall yn amrywio'n fawr. Y gred boblogaidd yw bod angen i berson cyffredin gael … 5 munud arall! Fodd bynnag, 5 munud arall o gymharu â beth yw'r cwestiwn. Mae'n gofynion cysgu ni'n newid ar wahanol adegau yn ein bywyd. Mae babi'n cysgu am 17 awr y dydd ar gyfartaledd. Fel arfer, mae ar blentyn angen 9 neu 10 awr o gwsg bob nos, a rhyw 8 awr sydd eu hangen ar oedolion. Ond mae pawb yn wahanol. Mae angen mwy nag 8 awr ar rai, ond llawer iawn llai na hynny ar eraill. Wrth i ni heneiddio, dydyn ni ddim o reidrwydd angen llai o gwsg, ond mae'r math o gwsg gawn ni'n newid. Mae'n cwsg ni'n mynd yn ysgafnach wrth i ni heneiddio ac rydyn ni'n deffro'n amlach ac yn haws. Does dim gwahaniaeth pryd yn ystod y nos rydyn ni'n cysgu; yn groes i'r gred boblogaidd, yr un gwerth yn union sydd i awr cyn hanner nos ag awr wedi hanner nos. Faint bynnag o gwsg sydd ei angen ar rywun, y peth pwysig yw bod y cwsg hwnnw'n ein gadael yn teimlo wedi dadflino ac yn abl i fynd ymlaen â'n bywydau yn ystod y dydd.

Beth yw'r gwahanol gyfnodau cwsg?

Mae pam yn union rydyn ni'n cysgu yn dal yn ddirgelwch i ni, er bod gwyddonwyr yn cynnig llawer o ddamcaniaethau. Mae pob anifail yn cysgu mewn rhyw ffordd neu'i gilydd ac mae'n ymddangos bod cwsg yn darparu rhyw fath o adferiad, yn gweithredu i drwsio'n corff a'n hymennydd. Rydyn ni'n gwybod ein bod yn mynd trwy lawer o gyfnodau gwahanol wrth gysgu. Mae pedwar prif gyfnod i'n cwsg a gallwn symud trwyddyn nhw sawl gwaith yn ystod y nos. Ar wahanol gyfnodau, gallwn ddeffro'n haws neu'n llai hawdd. Dyma'r cyfnodau:

- **'Cyn' cwsg** – pan fyddwn yn symud rhwng cwsg ac effro, mae ein cyhyrau'n ymlacio ac mae curiad y galon a'r anadlu'n arafu
- **Cwsg ysgafn** – pan ydyn ni'n cysgu go iawn, ond yn dal i fedru deffro'n hawdd
- **Cwsg trwm neu 'don araf'** – y gyfran fwyaf o'n cwsg. Rydyn ni'n cysgu'n drwm ac mae'n anodd deffro. Os cawn ein deffro gallwn deimlo'n gymysglyd neu'n ddryslyd. Yn ystod y cyfnod hwn gallwn siarad neu gerdded yn ein cwsg

- **Cwsg symudiad llygaid cyflym** (REM: *rapid eye movement*) – mae'n hymennydd ni'n brysur er bod ein cyhyrau'n dal wedi ymlacio. Mae'n llygaid yn symud yn gyflym ac rydyn ni'n breuddwydio. Cwsg REM yw tua un rhan o bump o'n cwsg.

Mae'r mwyafrif ohonom yn deffro am eiliad neu ddwy, fwy neu lai bob ychydig oriau. Gan amlaf rydyn ni'n mynd yn ôl i gysgu'n syth, o bosib heb fod yn ymwybodol ein bod wedi deffro. Weithiau gall y cyfnodau effro hyn wneud i ni deimlo ein bod ni wedi cysgu am lai o amser nag rydyn ni mewn gwirionedd.

Mae astudiaethau wedi dangos bod pawb yn breuddwydio. Fodd bynnag, mae rhai'n fwy tebygol o gofio'u breuddwydion. Dydyn ni ddim yn llawn ddeall diben breuddwydion. Os caiff rhywun ei amddifadu o gwsg REM, mae peth tystiolaeth y bydd ei gwsg nesaf yn cynnwys cyfran uwch o gwsg REM. Mae'n ymddangos bod angen y math hwn o gwsg ar y corff ac felly, os cewch eich amddifadu ohono, mae'ch corff yn gwneud iawn amdano'n ddiweddarach.

Felly, sut alla i helpu fy hun i gysgu'n well?

Flynyddoedd maith yn ôl byddai'r Groegiaid a'r Eifftiaid yn defnyddio opiwm i'w helpu i gysgu. Mae darluniau o Hypnos, duw cwsg y Groegiaid, gan amlaf yn ei ddangos yn dal blodyn pabi.

Yn sicr, ni fyddai opiwm yn cael ei gymeradwyo heddiw am ein bod yn llawer mwy ymwybodol o'r perygl o'i ddefnyddio; yn wir, mae'n sylwedd sydd wedi'i wahardd. Roedd pethau eraill a ddefnyddid yn yr henfyd fel cymorth i gysgu yn cynnwys sudd letys, rhisgl mandrag, llysieuyn o'r enw llewyg yr iâr, ac alcohol. Yn sicr, ni allwn gymeradwyo unrhyw un o'r rhain, ond peidiwch ag anobeithio gan fod llawer o bethau y gallwch chi eu gwneud i wella'ch cwsg.

Yn achos y mwyafrif o bobl sy'n dioddef cwsg aflonydd, bydd y technegau a'r newidiadau canlynol yn datrys y broblem. Fodd bynnag, gall gwneud gwelliannau i'ch cwsg olygu newid yr arferion drwg sydd wedi bod gyda chi o bosib am amser hir, a chaniatáu i'ch corff ailddysgu sut i gysgu'n effeithiol. Mewn geiriau eraill, gall newid eich patrwm cysgu fod yn anodd a gall gymryd amser ac ymroddiad. Y peth pwysig yw gweithredu ein cyngor ni'n gyson a thros gyfnod o amser. Yn aml, mae'r cyngor hwn yn ymddangos yn rhy syml ac mae pobl yn dweud eu bod eisoes wedi rhoi cynnig ar bob un o'r awgrymiadau. Fodd bynnag, mae'r technegau'n aml wedi'u rhoi ar waith yn anghyson am ryw noson neu ddwy ar y tro. Gall fod yn anodd glynu wrth rwtîn newydd, ond os gallwch chi ddal ati fe welwch chi newidiadau cadarnhaol yn ansawdd eich cysgu. Fydd yr awgrymiadau hyn ddim o reidrwydd yn gweithio i bawb, felly hwyrach y bydd angen i chi arbrofi er mwyn gweld beth sy'n gweithio orau i chi.

> **OS COFIWCH CHI UN PETH**
> Gall newidiadau syml yn eich rwtîn arferol wneud gwahaniaeth mawr, ond dim ond os byddwch yn gwbl gyson wrth eu gweithredu a'u hymarfer.

Cam 1: ewch ati i fonitro eich cwsg

Cadwch ddyddiadur cwsg. Fel sydd wedi'i ddweud eisoes, gall fod yn anodd amcangyfrif faint o gwsg rydych chi'n ei gael mewn gwirionedd. Gall defnyddio dyddiadur eich helpu i adnabod patrymau a phroblemau yn eich cysgu. Bydd yn eich helpu i hoelio'ch sylw ar y newidiadau sydd angen i chi eu gwneud a ble i ddechrau. Dylech gadw dyddiadur am wythnos cyn ystyried beth rydych chi wedi'i ddysgu. Yna edrychwch ar y technegau a'r strategaethau sy'n cael eu hawgrymu yn y camau canlynol. Pa rai sy'n ymddangos fel petaen nhw'n cyd-fynd â'r problemau sydd wedi'u hamlygu yn eich dyddiadur?

Cam 2: addaswch eich amgylchedd

Edrychwch ar eich amgylchedd cysgu. Ydy'r tymheredd yn iawn i chi allu cysgu'n esmwyth? Ydy'r stafell yn rhy olau neu'n rhy dywyll? Oes yna rywbeth fedrwch chi ei wneud i leihau sŵn a all eich aflonyddu? Ydy'ch gwely chi'n gyfforddus? Mae pawb yn wahanol, ac felly mae'n bosib y bydd raid i chi brofi a methu cyn dod o hyd i'r amgylchedd cysgu iawn i chi. Mae'n bwysig eich bod yn gyfforddus yn y gwely. Hwyrach y byddai'n werth buddsoddi mewn gwely newydd neu mewn matres ychydig yn fwy caled.

Ystyriwch eich partner. Os nad ydych chi'n cysgu ar eich pen eich hun, gallwch brofi problemau ychwanegol. Mae llawer o gyplau'n dod i sylweddoli bod ganddyn nhw anghenion gwahanol os ydyn nhw am gael noswaith dda o gwsg.

	Llun	Mawrth	Mercher	Iau	Gwener	Sadwrn	Sul
Yr amser yr aethoch chi i'r gwely neithiwr							
Yr amser ddiffoddoch chi'r golau							
Faint o amser tan i chi syrthio i gysgu?							
Sawl gwaith ddihunoch chi yn y nos?							
Am faint oeddech chi ar ddihun?							
Faint o gwsg gawsoch chi?							
Pryd wnaethoch chi ddihuno bore 'ma?							
Pryd wnaethoch chi godi o'r gwely?							
Pa mor dda wnaethoch chi gysgu, yn eich barn chi? (marc allan o 10)							
Pa mor effro ydych chi'n teimlo bore 'ma? (marc allan o 10)							

Enghraifft o ddyddiadur cysgu

Efallai fod un partner yn chwyrnu neu'n aflonydd iawn wrth gysgu. Efallai fod y ddau'n hoffi gwahanol fath o fatres. Gall achosion fel hyn olygu tipyn o drafod a dod i ddeall eich gilydd. Mae rhai cyplau wedi dod i'r casgliad bod cysgu ar wahân yn gweithio iddyn nhw, cyn belled â bod y naill a'r llall yn deall pam mae hyn yn angenrheidiol. Yn sicr, does dim rhaid iddo olygu eich bod yn rhoi'r gorau i rannu gwely gyda'ch gilydd yn llwyr – dim ond bod un o'r ddau'n symud i wely arall pan fyddwch chi eisiau cysgu.

Cam 3: newid eich ymddygiad a'ch arferion cysgu

Edrychwch ar y diagram ar ddechrau'r bennod hon. Allwch chi weld sut gallai ambell ymddygiad fod o gymorth i ni gysgu'n well, a sut gallai ambell un arall gynnal ein problem gysgu? Meddyliwch am eich ymddygiad chi'ch hun mewn perthynas â chysgu. Ydy e'n help neu'n rhwystr? Gall y canllawiau canlynol eich helpu i newid eich ymddygiad a gwella'ch cysgu. Yr enw ar hyn ym maes CBT ydy **hylendid cwsg**.

Datblygwch rwtîn amser gwely. Tua awr a hanner cyn amser gwely, dechreuwch roi arwyddion i'ch corff ei bod yn amser ymlacio ar gyfer cysgu. Gallech roi cynnig ar gael bath twym neu gawod, yfed diod boeth, gwrando ar gerddoriaeth ymlaciol, neu wylio neu ddarllen rhywbeth hamddenol. Mae'n bwysig nad yw'ch ymennydd yn cael ei orgyffroi ar yr adeg yma. Peidiwch â gweithio, gwneud ymarferion egnïol na gwylio neu ddarllen unrhyw beth rhy gyffrous o fewn dwy awr i fynd i'r gwely.

Cadwch lygad ar yr hyn rydych chi'n ei fwyta a'i yfed.
Mae'r caffein mewn diodydd fel te, coffi neu Coco Cola yn symbylydd, a gall aros yn eich system am gyfnod rhyfeddol o hir. Dylech osgoi'r rhain yn gyfan gwbl am sawl awr cyn amser gwely. Yn ogystal, gall yfed gormod o unrhyw beth gyda'r nos olygu eich bod yn gorfod codi i fynd i'r toiled yn ystod y nos. Ceisiwch yfed y rhan fwyaf o'r hylif sydd ei angen arnoch chi yn gynt yn y dydd. Peidiwch â bwyta pryd mawr o fewn dwy awr i amser gwely ond, ar y llaw arall, peidiwch â mynd i'r gwely'n llwglyd. Bydd bwyta deiet sydd at ei gilydd yn iachus hefyd yn eich helpu i gysgu'n well.

Torrwch i lawr ar alcohol a thybaco. Gall alcohol eich helpu i syrthio i gysgu, ond rydych chi'n debygol o ddeffro ymhen ychydig oriau ac yna ei chael yn anodd mynd yn ôl i gysgu. Dylech osgoi yfed alcohol am rai oriau cyn mynd i'r gwely. Mae tybaco'n symbylydd, a gall ymyrryd â gallu'ch corff i syrthio i gysgu. Eto, dylech osgoi smygu cyn amser gwely.

Byddwch yn llym ynghylch amser gwely. Wrth i chi geisio gwella'ch cwsg, dylech wneud yn siŵr eich bod yn mynd i'r gwely ac yn codi ar yr un amser bob dydd. Dewiswch amser gwely pan fyddwch chi fel arfer yn dechrau teimlo'n flinedig. I rai pobl gall fod yn 10 o'r gloch, i eraill o gwmpas 1 y bore. Crëwch amserlen fydd yn rhoi rhyw 8 awr yn y gwely i chi. Y peth hanfodol yw gwneud yn siŵr eich bod yn codi ar yr amser rydych chi wedi'i osod i chi'ch hun, hyd yn oed os ydych wedi cysgu'n wael ac yn teimlo wedi ymlâdd. Gall cloc larwm ailadroddus uchel iawn, wedi'i osod allan o'ch cyrraedd, fod o gymorth. Peidiwch â chymryd cyntun yn ystod y dydd. Arhoswch tan eich amser gwely gosodedig i gysgu. Unwaith y byddwch wedi sefydlu rwtîn da a'ch bod yn cysgu'n well, fydd ambell noson hwyr neu aros yn y gwely am ychydig hirach yn y bore ddim yn gwneud unrhyw ddrwg i chi, ond gnewch eich gorau glas i gadw at eich rwtîn da.

> **GAIR I GALL**
>
> Os gallwch chi lynu at rwtîn caeth, mae'n siŵr y gwelwch chi fod eich corff yn ymsefydlu i rythm naturiol a byddwch yn cysgu'n llawer haws. Gall hyn fod yn anodd am yr ychydig ddyddiau cyntaf, a gall fod yn anodd peidio â chymryd cyntun yn ystod y dydd. Gall sicrhau cefnogaeth pobl o'ch cwmpas i'ch hybu i ddal ati fod o gymorth.

Peidiwch â gorwedd yn y gwely os nad ydych chi'n cysgu. Os nad ydych chi'n syrthio i gysgu ymhen 15 munud o fynd i'r gwely, codwch ac ewch i wneud rhywbeth tawel ac ymlaciol, mewn ystafell wahanol os oes modd. Bydd hyn yn help i dorri'r cylch o wneud pethau'n waeth trwy bryderu nad ydych chi'n cysgu. Ewch yn ôl i'ch gwely cyn gynted ag y byddwch chi'n teimlo'n flinedig. Unwaith eto, os na allwch chi gysgu, gwnewch yr un peth eto ar ôl 15 munud.

> **COFIWCH HYN**
>
> Rhaid i chi ddal i godi ar eich amser gosodedig p'un a ydych chi wedi cysgu ai peidio.

Cysylltwch eich ystafell wely â chysgu. Os ydych chi fel arfer yn darllen, gweithio neu bryderu yn y gwely, gall hyn olygu nad ydych chi wedi ymlacio pan fyddwch chi'n ceisio cysgu. Symudwch y gweithgareddau hyn allan o'r ystafell wely. Dim ond ar gyfer cysgu a rhyw y dylai eich gwely gael ei ddefnyddio. A dylech ddarllen yn y gwely dim ond os ydych chi'n gwybod ei fod yn gwneud i chi ymlacio ac yn eich helpu i gysgu. Meddyliwch am beth rydych chi'n ei ddarllen. Ydy e'n debygol o ymlacio neu ysgogi eich meddwl? Bydd torri'r arferion hyn yn golygu eich bod chi'n cyfeirio'ch meddwl at gysgu pan ewch chi i'r gwely.

Defnyddiwch dechnegau ymlacio. Rhowch gynnig ar rai o'r strategaethau i reoli gorbryder sy'n cael eu hawgrymu ym Mhennod 4. Mae'r rhain hefyd yn cynnwys technegau **hunanhypnosis** ac **ymlacio dwfn**. Mae'n bosib y byddwch yn gweld bod rhai ohonyn nhw'n haws ac yn fwy o hwyl nag roeddech chi wedi'i ddychmygu. Cofiwch, gan amlaf mae'n well i chi ddysgu'r strategaethau hyn yn ystod y dydd yn gyntaf, cyn i chi ddechrau eu defnyddio i'ch helpu i gysgu. Unwaith y byddwch yn dod o hyd i strategaeth sy'n gweithio'n dda, gallwch ei defnyddio i ymlacio ac i helpu i baratoi'ch corff a'ch meddwl ar gyfer cysgu.

Gwnewch fwy o ymarfer corff yn ystod y dydd. Rydyn ni i gyd yn cysgu'n well pan fyddwn ni'n brysur ac yn defnyddio'n hegni yn ystod y dydd. Ceisiwch gynyddu faint o ymarfer rydych chi'n ei wneud. Does dim rhaid i hyn olygu mynd i'r gampfa, neu ddechrau gwneud rhyw weithgaredd nad yw'n apelio atoch chi. Meddyliwch am eich siwrnai i'r gwaith neu i'r siopau. Allech chi barcio ychydig yn bellach i ffwrdd o'r cyrchfan, yn hytrach na gyrru o gwmpas mewn cylchoedd i ddod o hyd i le parcio agosach? Allech chi ddod oddi ar drafnidiaeth gyhoeddus stop cyn neu ar ôl yr un arferol a gwneud tipyn o gerdded egnïol? Gall 20 munud o gerdded egnïol fod yn ymarfer ardderchog, a gall wneud byd o wahaniaeth i'ch patrwm cysgu. Ond cofiwch wneud yr ymarfer hwn yn gynt yn y dydd, ac nid o fewn dwy awr i amser gwely.

Gwnewch fwy o weithgareddau pleserus ac ymlaciol yn ystod y dydd – a'r nos! Y dyddiau hyn, mae llawer ohonon ni'n gweithio'n rhy galed heb neilltuo amser i wneud y pethau rydyn ni'n eu mwynhau neu sy'n gwneud i ni ymlacio. Gall hyn effeithio ar ein hwyliau, ein gwneud yn orbryderus a golygu ei bod yn anodd iawn i ni gysgu'n dda. Ceisiwch wneud rhywbeth rydych chi'n ei fwynhau, pa mor fach bynnag yw e, bob dydd. Meddyliwch yn greadigol. Does dim rhaid iddo fod yn rhywbeth mawr. Gall treulio ychydig amser gyda ffrind, partner neu blentyn, darllen er mwyn pleser, chwarae gêm, neu wneud dim ond cerdded o gwmpas yr ardd ein helpu i deimlo'n well. Os ydyn ni mewn gwell hwyliau rydyn ni'n llawer mwy tebygol o gysgu'n dda. Rhowch gynnig ar rai o'r strategaethau ym Mhennod 5 i wella'ch hwyliau.

> **COFIWCH HYN**
>
> Bydd sut rydych chi'n treulio'ch amser yn ystod y dydd yn cael effaith fawr ar eich cwsg yn ystod y nos.

Cam 4: rheolwch eich meddyliau di-fudd

Edrychwch eto ar y diagram ar ddechrau'r bennod hon. Gallwch weld sut mae meddyliau negyddol am fethu cysgu neu bryderon cyffredinol yn gallu'n harwain i deimlo'n rhwystredig neu dan bwysau, i gynyddu'r

tensiwn yn ein cyhyrau neu i ymddwyn mewn ffyrdd
llai buddiol. Mae'r holl bethau hyn yn ein rhwystro rhag
cysgu'n dda. Er mwyn newid y ffordd rydyn ni'n cysgu,
mae angen i ni newid y ffordd rydyn ni'n meddwl ac yn
ymddwyn mewn perthynas â'n meddyliau.

Ewch i'r afael â hwyliau isel neu orbryder. Gall
anhwylderau hwyliau fel gorbryder, panig neu iselder
achosi problemau cysgu i ni. Bydd penodau eraill yn y
llyfr hwn yn gallu'ch helpu i ddod o hyd i ffyrdd o oresgyn
y problemau hyn. Defnyddiwch ein holiaduron i'ch helpu
i ddarganfod beth all y broblem fod. Gall deffro'n gynnar
iawn yn y bore'n gyson a methu mynd yn ôl i gysgu fod
yn symptom o iselder. Os ydych chi'n gofidio eich bod o
bosib yn dioddef iselder neu orbryder dybryd, siaradwch
â'ch meddyg ynglŷn â chael help pellach. Mae Pennod 4
yn sôn am sut i ymdopi â gorbryder, mae Pennod 6 yn
sôn mwy am iselder a sut i fynd i'r afael ag ef, ac mae
Pennod 9 yn awgrymu adnoddau ychwanegol a allai fod
o fudd i chi.

Lleihau pryder. Rydyn ni eisoes wedi dweud bod llawer
o bobl yn sylweddoli bod gorwedd yn effro yn pryderu
yn eu rhwystro rhag mynd i gysgu. Gallwch helpu'ch
hun trwy sylwi pryd rydych chi'n syrthio i gylchdro o
bryderu, ac atgoffa'ch hun nad dyma'r amser i boeni am
bethau. Os ydych chi yn yr arfer o bryderu'n aml yn y
gwely, yna neilltuwch gyfnod penodol o fewn eich rwtîn

amser gwely arferol ar gyfer 'amser pryderu', gan roi cyfle i chi'ch hun – ac, yn wir, ganiatâd i chi'ch hun – feddwl am yr holl bethau hynny y gall eich meddwl fod yn pryderu amdanyn nhw. Ceisiwch wneud nodyn ohonyn nhw gan ddelio â'r pethau y gallwch chi ddelio â nhw cyn i chi fynd i'r gwely. Defnyddiwch y 'goeden bryderu' sy'n cael ei disgrifio ym Mhennod 4. Unwaith y byddwch wedi cael eich 'amser pryderu' am y nos, byddwch yn llym gyda'ch meddwl os bydd y pryder yn ceisio ailgodi eto. Canolbwyntiwch yn llawn ac o ddifri ar rywbeth mwy pleserus ac ymlaciol – hoff atgof efallai, trefnu gwyliau, neu hyd yn oed gyfrif yn eich pen. Cofiwch fod yr hyn rydych chi'n canolbwyntio arno yn ehangu, felly fe ddylai fod yn rhywbeth sy'n eich helpu i ymlacio yn hytrach na pheri i chi ddeffro. Os ydych chi'n pryderu y byddwch yn anghofio pethau, cadwch bensil a phapur yn ymyl eich gwely. I ddechrau, gwnewch nodyn o bethau ac yna, unwaith eto, symudwch ymlaen at rywbeth arall. Atgoffwch eich hun nad oes unrhyw siawns i chi eu hanghofio nhw, maen nhw i gyd wedi'u hysgrifennu ar bapur, ac nad nawr yw'ch 'amser pryderu' chi – bydd yn rhaid iddo aros tan slot yfory. Mae Pennod 4 yn sôn rhagor wrthych chi am reoli pryder.

> **COFIWCH HYN**
>
> NID pan fyddwch chi yn y gwely, wrth i chi geisio cysgu, yw'r amser i chi gnoi cil ar broblemau neu bryderon.

Ewch i'r afael â phryder am fethu cysgu. Os ydych chi'n gorwedd yn effro yn dweud wrthych chi'ch hun, 'Fydda i byth yn gallu gwneud y gwaith fory os na chysga i', byddwch yn ei chael hi'n fwy a mwy anodd diffodd eich meddwl ac ymlacio. Gall hyn ddatblygu'n gylch cythreulig, fel y gwelson ni eisoes yn y bennod hon. Efallai y bydd angen i chi weithio ar dorri'r cylch hwn. Atgoffwch eich hun nad oes raid i'r ffaith eich bod yn teimlo'n flinedig effeithio ar eich perfformiad. Rhan o gysgu yw caniatáu i'ch corff orffwys yn gorfforol, felly gwnewch hynny, yn hytrach na chysgu, fel nod i chi'ch hun. Ymlaciwch eich cyhyrau a dechreuwch ganolbwyntio ar feddyliau ymlaciol. Symudwch eich cloc larwm fel nad yw'n hawdd i chi gadw golwg ar yr amser.

Hunllefau

Gall hunllefau fod yn frawychus iawn. Gall rhai pobl fod ag ofn cysgu rhag iddyn nhw gael hunllef. Unwaith eto mae nifer o ddamcaniaethau pam mae rhai ohonon ni'n cael hunllefau, ac eraill byth yn eu cael (neu o leiaf ddim yn eu cofio). Mae pawb yn cytuno ein bod yn fwy tebygol o gael hunllefau pan fyddwn ni'n drallodus, yn ofnus neu'n bryderus. Os digwydd i chi ddeffro o freuddwyd gas, mae angen i chi'n gyntaf atgoffa'ch hun mai dim ond breuddwyd oedd hi mewn gwirionedd, ac mai eich meddwl chi sydd wrthi'n gweithio pethau allan yn ei ffordd ei hun. Gall ysgrifennu'ch breuddwyd i lawr leihau'r gafael sydd ganddi arnoch chi. Gall ei gweld ar bapur, sy'n rhyfedd a ddim yn gwneud llawer o synnwyr, fod yn ffordd o wneud iddi deimlo'n llai, ac yn llai pwysig. Gallwch ganiatáu i chi'ch hun gymryd cipolwg mewn ffordd ddiduedd ar y pethau rhyfedd sy'n codi yn eich meddwl, heb briodoli unrhyw ystyron sinistr ychwanegol iddyn nhw.

Ddylwn i ddefnyddio meddyginiaeth ar gyfer cysgu?

Gall eich meddyg ragnodi gwahanol feddyginiaethau i'ch helpu i gysgu. Fodd bynnag, dros amser gall rhai fod yn gaethiwus a'ch gadael yn teimlo'n flinedig a gyda 'phen mawr' drannoeth. Dros amser gall y corff gynefino â nhw, sy'n golygu bod angen dos uwch arnoch chi. Gall yr un peth fod yn wir am y meddyginiaethau y gallwch eu prynu dros y cownter heb bresgripsiwn. Dim ond i leddfu problemau tymor byr y dylai meddyginiaeth ar gyfer cysgu gael ei defnyddio, er enghraifft pan fo rhywun mor bryderus fel nad yw'n gallu cysgu o gwbl am nosweithiau bwygilydd.

Mae yna hefyd feddyginiaethau llysieuol ar gael ac mae rhai pobl o'r farn eu bod o gymorth. Fodd bynnag, mae'n llawer gwell i chi ddatblygu rwtîn ac arferion gwell i'ch helpu i gysgu'n naturiol na dibynnu ar unrhyw fath o sylwedd i wneud hynny.

Felly, sut allai cymhwyso'r technegau hyn fod o gymorth i Aled a Robert?

ASTUDIAETH ACHOS – Robert

Mae angen i Robert fynd i'r afael â'i bryder er mwyn gallu ymlacio a chysgu'r nos. Mae'n rhoi'r technegau sy'n cael eu hawgrymu yma ar waith trwy ddechrau ar rwtîn mynd i'r gwely awr a hanner cyn amser gwely. Mae Robert a'i wraig yn penderfynu bwyta eu swper ychydig yn gynharach er mwyn i Robert gael amser i ymlacio a delio â'i bryder cyn mynd i'r gwely. Unwaith mae e wedi bwyta, mae Robert yn eistedd i lawr ac yn caniatáu hanner awr o 'amser pryderu' iddo'i hun ar gyfer meddwl am y pethau a allai fel arall ei gadw'n effro. Mae'n defnyddio'r ymarferion pryderu ym Mhennod 4 i'w helpu i benderfynu a all e wneud rhywbeth ymarferol i ddatrys pob problem unigol nawr, neu a oes angen iddo wneud cynllun i'w datrys yn y dyfodol. Mae'n gwneud nodiadau i wneud yn siŵr nad oes unrhyw beryg iddo anghofio pethau. Mae Robert yn treulio hanner awr ar ei ymarfer amser pryderu, yn gwneud yn siŵr ei fod wedi cynnwys popeth y gallai bryderu amdanyn nhw. Yna mae'n treulio peth amser yn gwrando'n dawel ar gerddoriaeth, sy'n gwneud iddo ef a'i wraig ymlacio, cyn i'r ddau fynd i'r gwely gyda'i gilydd. Mae Robert yn symud ei gloc fel nad yw bellach yn gallu ei weld o'i wely.

Unwaith mae e yn y gwely, os bydd ei feddwl yn gwibio i gyfeiriad ei bryderon, mae e nawr yn dweud wrtho'i hun yn bendant nad dyma'r amser i bryderu, na all e wneud dim am y broblem ar y foment, a'i fod eisoes wedi cynllunio sut i ddelio â phopeth sydd angen iddo ei wneud yfory. Serch hynny, os daw rhywbeth i'w feddwl y mae Robert yn gwybod iddo fethu â'i gynnwys yn ei amser pryderu ond ei fod yn awyddus iawn i'w gofio, yna, os na all symud ymlaen oddi wrtho, mae'n ei ysgrifennu ar y darn papur mae e'n ei gadw wrth ymyl ei wely, cyn gadael iddo'i hun symud ymlaen at rywbeth arall.

Gall yr holl broses hon fod yn ddigon anodd ar y cychwyn. Mae Robert yn dal i'w gael ei hun yn dechrau profi rhyw bryder neilltuol, ac yn gorfod atgoffa'i hun ei fod wedi delio ag ef am y tro. Mae'n gorfod cymell ei feddwl yn fwriadol i symud ymlaen at rywbeth arall. Yn hytrach na mynd yn rhwystredig gyda'r ailadrodd, mae'n ei atgoffa'i hun bod torri hen arferion yn gofyn am amser ac amynedd. Mae'n ystyried darllen Pennod 5 am ragor o syniadau am sut i drechu arferion drwg. Os bydd yn dal yn effro ar ôl 15 munud, bydd Robert yn codi, yn mynd i'r ystafell ffrynt ac yn gwrando ar gerddoriaeth am ychydig cyn mynd yn ôl i'w wely pan fydd yn teimlo'n flinedig. Dros amser mae cysgu Robert yn dechrau gwella ac mae'n sylweddoli ei fod yn gallu delio â'r pryder fyddai cyn hynny'n ei rwystro rhag cysgu.

ASTUDIAETH ACHOS – Aled

Mae angen i Aled hefyd gymhwyso egwyddorion **hylendid cwsg** er mwyn gwella'i gysgu gwael. Mae Aled yn defnyddio'r technegau hyn, ynghyd â'r rhai a awgrymir ym Mhennod 6, i helpu i godi'i hwyliau. Mae'n sylweddoli bod angen iddo fod yn fwy prysur yn ystod y dydd er mwyn gallu cysgu yn y nos. Rhaid iddo hefyd beidio â chymryd cyntun yn ystod y dydd. Mae hyn yn anodd iddo gan nad oes ganddo fawr i'w wneud, felly mae Aled yn dechrau cynllunio'i ddiwrnod a threfnu'i amser i gynnwys tasgau a gweithgareddau hamdden. Wrth iddo ddysgu sut i gadw'n brysur yn ystod y dydd, mae'n sylweddoli nad yw'n teimlo mor flinedig a chysglyd drwy'r amser. Mae Aled yn gwylio llai o raglenni teledu hefyd, ac yn trefnu amser i weld ffrindiau, mynd â'i gi am dro a mynd i nofio.

Fel Robert, mae'n rhoi rwtîn amser gwely sy'n ei ymlacio ar waith. Mae'n gwneud yn siŵr ei fod yn llym ag ef ei hun ynghylch yr amser mae'n mynd i'r gwely ac yn codi. Roedd Aled a'i bartner yn arfer gwylio'r teledu yn eu gwely bob nos, felly fe gytunon nhw i symud y set deledu o'r ystafell wely, a pheidio â'i rhoi ymlaen os na fyddai rhywbeth roedden nhw wir yn awyddus i'w weld. Mae Aled hefyd wedi penderfynu torri i lawr ar yr alcohol mae'n ei yfed gyda'r hwyr, a chael gwydraid neu ddau gyda'i swper ar y penwythnos yn unig.

Does dim syndod bod Aled yn ei chael hi'n anodd glynu at y newidiadau hyn i ddechrau. Dydy e ddim wedi arfer cysgu yn ystod y nos, ac ar y cychwyn dydy e ddim yn cysgu rhyw lawer. Wedyn, mae'n anodd iawn iddo aros yn effro yn ystod y dydd ac mae angen iddo wneud yn siŵr ei fod yn cadw'n brysur er mwyn gorfodi'i hun i aros yn effro.

Mae Aled yn gofyn i'w ffrindiau ei helpu gyda hyn. Ymhen amser, mae Aled yn gweld ei fod yn gallu syrthio i batrwm mwy naturiol a chysgu yn y nos. Mae gwneud mwy o weithgareddau yn ystod y dydd yn dechrau gwella'i hwyliau, ac mae hynny'n help iddo stopio pryderu a chysgu'n well. Mae Aled yn cael hwb i'w gymhelliad ac yn teimlo'n fwy cadarnhaol ynglŷn â dal ati i chwilio am swydd arall.

Yn olaf, er bod pethau wedi gwella cryn dipyn, mae Aled a'i bartner wedi penderfynu nad nawr yw'r amser gorau i ddechrau teulu; maen nhw'n cofio geiriau Leo Burke:

Fel arfer, does gan y bobl sy'n dweud eu bod yn cysgu fel babi ddim babi eu hunain.

4. Rheoli Gorbryder

From ghoulies and ghosties
And long-leggedy beasties
And things that go bump in the night,
Good Lord, deliver us!
Gweddi Gernyweg draddodiadol

Deall gorbryder

Mae'r rhyngrwyd yn cynnig tua 46.5 miliwn o atebion i'r cwestiwn 'beth yn union yw gorbryder'! Er mwyn sicrhau na fydd raid i chi fynd trwyddyn nhw i gyd (byddai treulio 5 munud ar bob gwefan yn llyncu 450 o flynyddoedd o'ch amser) yn yr adran hon rydyn ni wedi eu crynhoi i'r hanfodion sylfaenol:

- Beth yw e
- O ble mae'n dod
- Pa ffurf mae'n ei gymryd ac, yn bwysicach na dim …
- Beth allwch chi ei WNEUD am y peth.

Beth yw e?

Mae gorbryder yn aml yn cael ei ddisgrifio fel teimlad o bryder, ofn neu aflonyddwch. Ond mae'n llawer mwy na dim ond teimlad. Mae'n cwmpasu **teimladau neu emosiynau, meddyliau a synwyriadau corfforol**.

RHOWCH GYNNIG ARNI

Gallwch fod yn fwy sensitif i un neu ddau o'r rhain. Ydych chi'n cofio'r tro diwethaf i chi fod yn wirioneddol ofnus? Ar beth rydych chi'n cofio sylwi? Ysgrifennwch yr hyn rydych chi'n ei gofio, ac yna edrychwch ar yr enghreifftiau rydyn ni wedi'u rhoi. Peidiwch â phoeni os oes un golofn yn wag – mae'n ddigon arferol peidio â sylwi ar bopeth wrth edrych am y tro cyntaf ar ein hemosiynau, ein meddyliau a'n teimladau corfforol.

Y tro diwethaf i chi deimlo'n wirioneddol ofnus:		
Synwyriadau corfforol? Beth ddigwyddodd yn eich corff?	Emosiynau? Beth oeddech chi'n ei deimlo?	Meddyliau? Beth aeth drwy'ch meddwl? Geiriau? Lluniau?

Enghreifftiau o ymatebion nodweddiadol		
Calon yn curo'n gyflym, chwysu	Teimlo wedi'ch parlysu gan ofn	Beth all ddigwydd nesa? Ydw i'n mynd i gael trawiad ar y galon? Fydda i'n edrych yn ffŵl?

O dro i dro mae gorbryder yn rhywbeth cwbl normal o fewn ein profiad bob dydd. Os nad ydych chi byth yn teimlo'n bryderus, byddai hynny yn rhywbeth i bryderu yn ei gylch! Ym mywydau pob un ohonom daw heriau i'n rhan nad ydyn ni bob amser yn sicr sut i ddelio â nhw, felly mae rhywfaint o bryder yn naturiol. Gall yr heriau hyn fod yn ddigwyddiadau sy'n achosi straen ac yn cynnwys perygl gwirioneddol, sy'n digwydd yn y byd go iawn a/neu rai mae ein meddyliau yn eu dychmygu, fel *beth pe bai* trychineb yn digwydd – yn union fel cwrdd â'r *ghoulies* a'r *ghosties* yn y rhigwm ar ddechrau'r bennod hon.

Teimladau neu emosiynau

Pan fyddwn ni'n profi gorbryder difrifol rydyn ni fel rheol yn teimlo wedi'n parlysu gan ofn. Weithiau mae'n ddigon hawdd rhoi'n bys ar y peth sy'n peri'r ofn i ni, ond bryd arall rydyn ni'n cael ein llorio gan deimlad o banig llethol. Ond bydd faint rydych chi'n hoffi neu'n casáu'r teimlad hwn yn dibynnu i raddau helaeth ar y cyd-destun ac ar eich personoliaeth chi.

Credwch neu beidio, mae rhai pobl yn awyddus i gael synwyriadau cryf, ac i'r bobl hynny gorau po gryfaf ydyn nhw! Er ei fod yn beth rhyfedd i'w ddweud, gall profi gorbryder dwys fod yn bleserus. Meddyliwch am ffilmiau arswyd, parciau pleser neu rai sy'n mynd ar wyliau sy'n canolbwyntio ar chwaraeon eithafol. Mae rhai'n dwlu ar y rhuthr o adrenalin mae'r gweithgareddau hyn yn ei roi iddyn nhw. Yr allwedd yw'r ffaith bod y mwynhad yn gysylltiedig ag amser, lle a gweithgaredd maen nhw wedi'i ddewis. Fydden nhw ddim mor frwdfrydig, mae'n siŵr, ynghylch rhywbeth oedd yn digwydd iddyn nhw'n ddigymell, heb ei ddymuno, sydd allan o'u rheolaeth ac yn hynod beryglus!

Meddyliau

Rydyn ni fel arfer yn ceisio gwneud synnwyr o'n hamgylchedd, a deall beth sy'n digwydd i ni. Gall methu deall beth sy'n digwydd fod yn wirioneddol frawychus, yn ogystal â rhagweld y bydd yr hyn fydd yn digwydd i ni nesaf yn waeth fyth. Bydd unrhyw un sy'n profi teimladau o banig a braw yn debygol o geisio gweithio allan beth sy'n digwydd, a beth mae'n ei olygu. Y ffordd rydyn ni'n gwneud synnwyr o'n byd yw'r hyn sy'n dweud wrthym a ydy e'n ddiogel neu'n beryglus. Dyma sut mae Shakespeare yn cyfleu'r peth yn *Hamlet*: 'there is nothing either good or bad, but thinking makes it so'.

Felly mae'r ddolen gyswllt rhwng meddyliau ac

emosiynau eisoes yn dod yn amlwg – os ydych chi'n *meddwl* bod rhywbeth yn *wirioneddol* beryglus, rydych chi'n debygol o'i ofni o ddifri. Mae pobl sy'n gwylio ffilm arswyd yn llai tebygol o'i mwynhau os ydyn nhw, ar ôl gadael y sinema, yn dechrau chwilio am estroniaid ac angenfilod, tra bydd y rhai sy'n ystyried y cyfan yn ddim ond rhywbeth dychmygol yn gallu mwynhau'r braw yn ddiogel o fewn muriau'r sinema, gan wybod nad yw'r fath beryglon yn bodoli go iawn.

Synwyriadau corfforol

Gall darganfod faint o wahanol synwyriadau all gael eu hachosi gan orbryder, a sawl rhan wahanol o'r corff sy'n cael eu heffeithio, beri tipyn o syndod. Gallwch brofi rhai, neu lawer, ohonyn nhw. Dyma'r synwyriadau mwyaf cyffredin:

- Eich calon yn curo'n gyflymach a chryfach
- Eich brest yn teimlo'n dynn neu'n boenus
- Chwysu'n ddifrifol
- Eich holl gorff, neu'ch breichiau a'ch coesau'n unig, yn crynu
- Eich dwylo a'ch traed yn iasoer
- Eich ceg yn sych
- Eich golwg yn aneglur
- Gall fod angen mynd i'r toiled arnoch, neu gall eich stumog fod yn corddi neu'n aflonydd

- Pen tost/cur pen ofnadwy
- Y teimlad nad ydych chi 'yno' mewn gwirionedd neu eich bod rywsut y tu allan i'ch corff yn edrych i lawr ar bopeth, ar wahân i'r hyn sydd o'ch cwmpas
- Popeth fel pe bai'n teimlo'n afreal
- Teimlo'n chwil, yn benysgafn neu ar fin llewygu
- Teimlo lwmp yn eich gwddf neu'n cael anhawster llyncu
- Teimlo'n gyfoglyd – gallech chwydu hyd yn oed
- Teimlo dan straen, yn aflonydd neu'n methu ymlacio
- Teimlo gwynegon a phoenau trwy'ch holl gorff.

Fel sydd wedi'i ddweud eisoes, mae profi gorbryder pan fyddwn ni'n teimlo ein bod mewn perygl yn gwbl normal. Mae'ch corff yn ymateb mewn un o dair ffordd – Ymladd, Ffoi neu Rewi. Mae'n ymateb awtomatig pwysig dros ben – mae'ch corff yn ei wneud ohono'i hun. Mae'r tair ffordd yn gysylltiedig â pharhad ein rhywogaeth dros y blynyddoedd. Ystyriwch yr enghraifft o darfu ar anifail gwyllt llwglyd allan yn y diffeithwch. Yn dibynnu arnoch chi ac ar y math o anifail sydd dan sylw, gallwch geisio'i ymladd, ffoi oddi wrtho cyn gynted â phosib, neu sefyll yn stond yn y gobaith nad yw ei olwg yn dda ac na fydd yn ymosod arnoch chi. P'un o'r tair ffordd fyddech chi'n ei dewis, tybed?

Mewn sefyllfaoedd rydych chi'n eu hystyried yn beryglus, mae'ch corff yn cynhyrchu pob math o gemegion (gan gynnwys adrenalin) sy'n sbarduno pob un o'r symptomau corfforol uchod. Y newidiadau corfforol hyn sydd wedi helpu dynoliaeth i oroesi. Mae'r cemegion sy'n cael eu rhyddhau yn achosi newidiadau ffisegol sy'n ein galluogi i redeg yn gyflymach nag arfer, i fod yn gryfach ac, yn gyffredinol, i fod â gwell siawns o'n hamddiffyn ein hunain a'n hanwyliaid. Mae hynny'n wych mewn achos lle mae yna berygl gwrthrychol fel anifail gwyllt, ond ddim mor fuddiol pan fo'r perygl ymddangosiadol yn un cymdeithasol, fel bod ag ofn gwneud ffŵl ohonoch eich hun neu fod ag ofn (cwbl ddi-sail) trychineb corfforol fel cael trawiad ar y galon neu waedlif ar yr ymennydd.

Fe awn ymlaen yn awr i edrych ar wahanol fathau penodol o broblem gorbryder. Mae pob un yn gysylltiedig ag amrediad o feddyliau ynghylch beth sy'n digwydd. Felly, er enghraifft, os ydych chi'n dioddef pyliau o banig byddwch yn debygol o feddwl, pan gewch chi un, y bydd rhywbeth ofnadwy yn digwydd, fel trawiad ar y galon, neu waedlif ar yr ymennydd, neu y byddwch yn colli'ch limpin ac yn gwneud ffŵl llwyr ohonoch eich hun. Os mai anhwylder gorfodaeth obsesiynol yw'ch problem, yna gallwch ofni y bydd rhywbeth ofnadwy yn digwydd i chi neu'ch anwyliaid os na fyddwch yn gwneud pethau yn y drefn iawn, neu os nad ydych yn glanhau neu'n gwirio'n ddigonol. Nodwedd allweddol o anhwylder straen wedi trawma yw bod pobl yn ceisio osgoi'r pethau sy'n eu hatgoffa o'r trawma. Maen nhw'n aml yn credu y byddan nhw'n dechrau ailbrofi'r trawma os byddan nhw'n cael eu hatgoffa'n rhy fyw ohono, ac y bydd y teimladau'n fwy nag y gallan nhw'u dioddef. Yn y bennod hon byddwn yn edrych ar wahanol anhwylderau gorbryder yn eu tro. Fodd bynnag, technegau cyffredinol i reoli gorbryder yw'r rhai y byddwn ni'n eu trafod. Os yw eich problem gorbryder chi'n fwy difrifol neu benodol, yna bydd yr adnoddau ychwanegol ym Mhennod 9 yn help i chi ddarganfod ble arall y gallwch chi gael help.

Os ydych chi'n rhywun sy'n teimlo'n bryderus yn aml, neu os yw eich gorbryder mor ddifrifol nes ei fod yn dechrau effeithio ar eich bywyd bob dydd, gallwch fod yn dioddef un o'r anhwylderau gorbryder. Rydyn ni eisoes wedi dweud bod gorbryder yn normal dan rai amgylchiadau, ond mae'n datblygu'n broblem pan:

- Mae'n anghymesur â straen y sefyllfa
- Mae'n parhau pan fydd y sefyllfa o straen wedi mynd heibio
- Mae'n ymddangos heb reswm amlwg pan nad oes sefyllfa o straen yn bodoli.

GAIR I GALL

1. Ceisiwch ddeall eich symptomau

2. Trafodwch bethau gyda ffrind, aelod o'r teulu neu weithiwr iechyd proffesiynol

3. Edrychwch ar eich ffordd o fyw – ystyriwch dorri i lawr neu lwyr ymwrthod ag alcohol, cyffuriau anghyfreithlon a hyd yn oed symbylwyr fel caffein

4. Defnyddiwch rai o'r technegau CBT yn y bennod hon.

Mae'n beth digon cyffredin i bobl sy'n dioddef gorbryder ddioddef iselder hefyd. Os yw hyn yn wir amdanoch chi, yna gall Pennod 6 ar reoli iselder fod o gymorth i chi.

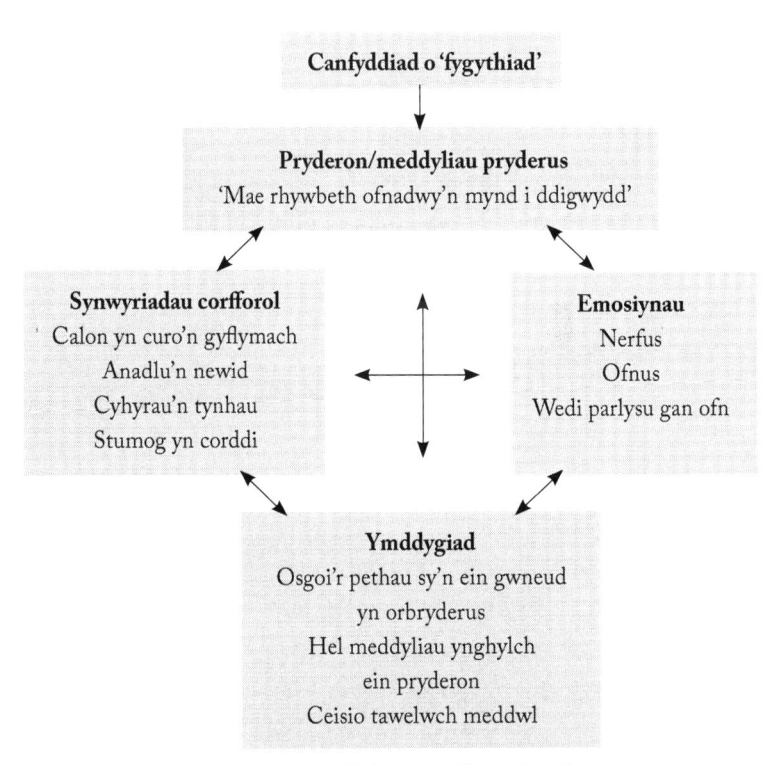

Canfyddiad o 'fygythiad'

Pryderon/meddyliau pryderus
'Mae rhywbeth ofnadwy'n mynd i ddigwydd'

Synwyriadau corfforol
Calon yn curo'n gyflymach
Anadlu'n newid
Cyhyrau'n tynhau
Stumog yn corddi

Emosiynau
Nerfus
Ofnus
Wedi parlysu gan ofn

Ymddygiad
Osgoi'r pethau sy'n ein gwneud yn orbryderus
Hel meddyliau ynghylch ein pryderon
Ceisio tawelwch meddwl

Sut mae CBT yn deall gorbryder

Mae CBT yn edrych ar sut mae ein meddyliau, ein hemosiynau, ein synwyriadau corfforol a'n hymddygiad i gyd yn rhyngweithio i gynnal ein gorbryder. Pan fyddwn ni'n canfod 'bygythiad' o ryw fath – gallai fod yn rhywbeth sy'n digwydd ar y pryd neu'n rhywbeth a all ddigwydd yn y dyfodol – mae ein cyrff a'n meddyliau'n ymateb yn y ffyrdd sydd i'w gweld yn y diagram ar dudalen 47. Pan fyddwn ni'n ymwybodol o synwyriadau corfforol gorbryder, rydyn ni'n cymryd yn ganiataol bod hyn yn golygu bod yna fygythiad go iawn (er nad oes un mewn gwirionedd) ac felly rydyn ni'n cael rhagor o feddyliau pryderus. Mae hyn yn ei dro yn arwain at synwyriadau corfforol cynyddol wrth i'n cyrff ymateb i'n canfyddiadau. Pan fydd ofn rhywbeth arnon ni, rydyn ni'n naturiol yn ei osgoi. Fodd bynnag, gall hyn yn ei dro ein harwain i gredu'n gryfach fod yna rywbeth i'w ofni mewn gwirionedd – ac wrth ei osgoi, dydyn ni byth yn cael y cyfle i roi prawf ar ein hofnau. Oherwydd hynny, felly, mae ein gorbryder am y sefyllfa'n cynyddu. Yn aml, rydyn ni'n hel meddyliau ynghylch ein hofnau a'n pryderon er mwyn ceisio gwneud synnwyr ohonyn nhw, cadw'n hunain yn ddiogel neu rwystro pethau cas rhag digwydd. Fodd bynnag, mae'r arfer hwn gan amlaf yn ddi-fudd ac yn gwneud dim mwy na chynyddu'n gorbryder a hynny heb wella na newid ein sefyllfa. Gall ceisio tawelwch meddwl gan bobl sy'n agos atom, chwilio'r rhyngrwyd, neu ofyn am gyngor gan weithwyr proffesiynol fod yn bethau synhwyrol i'w gwneud os gwnawn ni hynny unwaith, ac os bydd yn fodd o dawelu'n hofn yn barhaol. Fodd bynnag, yr hyn sy'n tueddu i ddigwydd pan fydd pobl yn dioddef gorbryder yw eu bod yn ceisio tawelwch meddwl, yn teimlo'n well am gyfnod byr, ond yna'n dal i ddod yn ôl am fwy o dawelwch meddwl. Mae hyn yn golygu nad oes dim yn newid, a fyddan nhw byth yn datblygu ffyrdd mwy effeithiol a pharhaol o reoli'u gorbryder.

COFIWCH HYN

Os ydych chi'n dioddef problemau gorbryder, yn sicr dydych chi ddim ar eich pen eich hun. Mae anawsterau gyda gorbryder yn gyffredin ar draws y boblogaeth. Bydd un o bob wyth oedolyn yn dioddef anhwylder gorbryder ar ryw adeg yn ystod eu bywyd.

Mae sawl math o anhwylder gorbryder – anhwylder gorbryder cyffredinol (GAD: *generalized anxiety disorder*), anhwylder panig, agoraffobia, anhwylder gorfodaeth obsesiynol (OCD: *obsessive-compulsive disorder*), ffobiâu, anhwylder straen wedi trawma (PTSD: *post-traumatic stress disorder*), anhwylder gorbryder cymdeithasol, gorbryder iechyd ac anhwylder straen ailadroddus. Mae rhai symptomau sy'n gyffredin i bob un ohonyn nhw.

Mae'r rhestr isod yn nodi rhai o'r pethau allweddol sy'n gallu dangos bod gan rywun broblemau gyda gorbryder.

Oes rhai ohonyn nhw'n eich disgrifio chi?

- Cael trafferth i ymlacio?
- Nerfus, pryderus neu ar bigau'r drain?
- Hawdd eich gwylltio neu'n biwis?
- Yn aflonydd ac yn methu setlo?
- Methu stopio na rheoli'r pryderu?
- Pryderu am bopeth, fwy neu lai?
- Ofni y gall rhywbeth ofnadwy ddigwydd?

Os oes rhai ohonyn nhw'n wir yn aml amdanoch chi, gall fod o fudd i chi weld eich meddyg teulu a thrafod yr hyn sy'n digwydd a pha help sydd ar gael, gan gynnwys llyfrau hunangymorth fel hwn wrth gwrs.

Beth yw anhwylder gorbryder?

Gadewch i ni edrych yn fwy manwl ar y gwahanol fathau o anhwylderau gorbryder. Maen nhw'n rhannu nifer o elfennau cyffredin. Yna fe wnawn ni fwrw golwg ar y technegau mae CBT yn eu defnyddio i helpu pobl i ddelio â nhw.

Anhwylder gorbryder cyffredinol (GAD)

Mae dioddef **GAD** yn golygu eich bod chi'n teimlo'n llawn pryder a thyndra, ac yn pryderu bron bob dydd, yn aml am bethau sy'n cael eu hystyried gan bobl eraill yn ddibwys. Os nad ydych chi'n mynd i'r afael â'r broblem, gall barhau am flynyddoedd ac ymyrryd yn ddifrifol ag ansawdd eich bywyd. Mae gorbryder cyffredinol yn aml yn rhywbeth mae pobl yn ei deimlo sydd, i ryw raddau, bob amser wedi bod yn wir amdanyn nhw – 'Dwi wastad wedi bod yn berson braidd yn bryderus' – ond gall fod yn fwy andwyol yn ystod neu'n dilyn cyfnodau o straen dwys a chynyddol. Weithiau gall fod yn fwy o broblem yn dilyn digwyddiadau helbulus fel profedigaeth, diswyddiad neu berthynas yn chwalu, ond gall ddechrau gryn amser ar ôl y digwyddiadau hyn.

Mae menywod yn fwy tebygol na dynion o gael diagnosis o GAD, o bosib am fod menywod yn fwy parod i fynd at y meddyg a chyfaddef eu bod yn dioddef o'r teimladau hyn. Rydych chi'n fwy tebygol o ddioddef GAD os ydych chi rhwng 35 a 54 oed, os ydych chi wedi ysgaru neu wahanu, neu os ydych chi'n rhiant sengl – ond gall unrhyw un ddatblygu'r broblem hon.

Gan amlaf mae pobl sydd â GAD yn gwybod bod eu pryderon yn ormodol ac yn amhriodol. Weithiau, er hynny, dydyn nhw ddim yn ymwybodol o'r hyn maen nhw'n pryderu amdano – dim ond yn teimlo'n anghysurus ac yn methu setlo nac ymlacio. I gael diagnosis o GAD, gan amlaf mae'n rhaid i chi fod â thri neu fwy o'r symptomau canlynol:

- Aflonyddwch
- Teimlo'n biwis

- Blinder
- Tyndra corfforol
- Cwsg aflonydd
- Cael trafferth i ganolbwyntio neu'n teimlo fel petai eich meddwl yn gwbl wag.

ASTUDIAETH ACHOS – Elain (GAD)

Mae Elain yn ei thridegau cynnar. Mae ei phlentyn bach newydd ddechrau'r ysgol. Mae Elain yn ôl yn ei gwaith ac am wneud argraff dda ar ei phennaeth newydd a benodwyd yn ystod ei chyfnod mamolaeth. Mae hi wedi bod yn dipyn o berffeithydd erioed, ond cyn hyn roedd ganddi ddigon o amser i allu neilltuo oriau ychwanegol i fodloni ei safonau hynod uchel. Nawr, gyda chyfrifoldebau bod yn fam a bod yn ôl yn ei gwaith, mae'n teimlo bod y cyfan yn drech na hi. Yn y gwaith mae'n pryderu nad yw hi mor gyflym ac effeithlon â'i chyd-weithwyr sydd heb fod i ffwrdd ar gyfnod mamolaeth. Mae hi hefyd yn teimlo'n bryderus ynghylch ei phlentyn, yn teimlo y dylai fod yn fam lawn-amser, ond yn gwybod bod angen ei chyflog i gadw dau ben llinyn ynghyd. Does dim llonydd gartref – mae meddyliau am y gwaith yn ymyrryd o hyd, yn ogystal â meddyliau hunanfeirniadol ynglŷn â'i gallu i fod yn fam ac yn wraig. O ran y symptomau GAD, mae ganddi hi bob un ohonyn nhw! Pryder cyson ac aflonyddwch, problemau cysgu, teimladau corfforol o dyndra, a phob math o wynegon a phoenau.

Anhwylder straen wedi trawma (PTSD)

Pan fydd pobl yn profi trawma, fel bod mewn damwain car neu ddioddef ymosodiad neu gael eu mygio, mae'n naturiol eu bod yn profi ofn, meddyliau pryderus ac atgofion o'r digwyddiad sy'n dod yn ôl dro ar ôl tro, teimlad o barlys emosiynol, pellter oddi wrth y rhai sydd o'u cwmpas, a gorbryder dychrynllyd. Gallan nhw hefyd geisio osgoi unrhyw beth sy'n eu hatgoffa o'r digwyddiad neu o'i ganlyniadau. Mae'r symptomau hyn yn gwbl normal ac yn rhan o'r broses o ymgynefino â'r hyn sydd wedi digwydd a gwneud synnwyr ohono. Fel arfer, mae'r symptomau hyn yn lleihau yn yr ychydig wythnosau ar ôl y trawma ac mae'r mwyafrif o bobl yn gwella'n dda gydag amser a chefnogaeth. Ond yn achos rhai, fodd bynnag, mae'r symptomau hyn yn parhau neu hyd yn oed yn gwaethygu dros amser ac maen nhw ei chael yn amhosib symud ymlaen o'r hyn sydd wedi digwydd. Mewn rhai achosion gall symptomau barhau, neu hyd yn oed ddechrau'n sydyn, fisoedd neu hyd yn oed flynyddoedd ar ôl y trawma. Dyma beth yw **anhwylder straen wedi trawma**. Rydyn ni'n ei drafod ac yn awgrymu ffyrdd o ymdopi ag e ym Mhennod 7, sy'n sôn am ddefnyddio CBT i ymdopi â digwyddiadau anodd bywyd.

Ffobiâu

Ofn mawr neu arswyd sy'n anghymesur â realiti'r sefyllfa sy'n ei achosi – dyna yw **ffobia**. Mae dynesu at neu ddod i gyffyrddiad â'r peth neu'r sefyllfa sy'n peri ofn yn achosi gorbryder, ac mae dim ond meddwl am yr hyn rydych chi â ffobia yn ei gylch yn frawychus ac yn annifyr. Weithiau gallwch osgoi'r sefyllfa sy'n peri ofn, ond mewn llawer o achosion mae hyn yn golygu cyfyngu ar eich bywyd. Hefyd, po fwyaf rydych chi'n ei osgoi, mwyaf oll fyddwch chi am ei osgoi – a thros amser gall hyn eich cyfyngu fwyfwy.

Mae yna bob math o ffobiâu am bob math o bethau neu sefyllfaoedd. Mae enghreifftiau cyffredin yn cynnwys clawstroffobia (ofn lleoedd cyfyngedig neu gael eich cau i mewn), ofn anifeiliaid penodol, neu ofn nodwyddau chwistrellu, chwydu neu dagu. Mae dwsinau o ffobiâu, ond mae'r driniaeth ar gyfer pob un ohonyn nhw'n dilyn yr un egwyddor o **gysylltiad graddedig** (*graded exposure*), rhywbeth y byddwn ni'n ei drafod yn nes ymlaen yn y bennod hon.

Ffobia cymdeithasol

Mae'n bosib mai **ffobia cymdeithasol** neu anhwylder gorbryder cymdeithasol yw'r ffobia mwyaf cyffredin. Rydych chi'n pryderu'n ofnadwy am yr hyn mae pobl yn ei feddwl ohonoch chi, neu sut maen nhw'n eich barnu. Rydych chi'n ofni cwrdd â phobl, neu 'berfformio' o flaen eraill, yn enwedig dieithriaid. Rydych chi'n ofni y byddwch yn ymddwyn mewn ffordd fydd yn creu embaras ac y bydd pobl eraill yn meddwl eich bod yn dwp, yn annigonol, yn wan, yn ffôl neu hyd yn oed yn wallgof. Rydych chi'n osgoi sefyllfaoedd o'r fath gymaint ag y medrwch chi. Mae magu digon o blwc i fynd i rywle'n anodd iawn – rydych chi'n aml yn gadael gwahoddiadau heb eu hateb tan y funud olaf, i osgoi ymrwymo. Os byddwch yn mynd i'r sefyllfa sy'n peri ofn i chi, byddwch yn aml yn bryderus ac yn anniddig iawn, a gallwch yn hawdd adael yn gynnar. Fel yn achos pob anhwylder gorbryder, yr allwedd i drechu ffobia cymdeithasol yw defnyddio cyfuniad o **arbrofion ymddygiad** ac **arbrofion sy'n herio'r meddwl** (cawn drafod hyn yn nes ymlaen yn y bennod hon).

Anhwylder panig

Mae pobl sy'n dioddef **anhwylder panig** yn cael pyliau o banig yn ddi-baid. Pwl difrifol o orbryder ac ofn sy'n digwydd yn sydyn, yn aml heb rybudd, a heb unrhyw reswm ymddangosiadol – dyna yw anhwylder panig. Gall symptomau corfforol gorbryder yn ystod pwl o banig fod yn ddifrifol, yn eu plith y galon yn curo fel gordd, cryndod, diffyg anadl, poenau ar draws y frest, teimlo'n benysgafn, diffyg teimlad neu binnau bach. Gan amlaf mae pwl o banig yn para 5–10 munud, ond weithiau mae pyliau'n dod mewn tonnau ac yn para hyd at 2 awr. Maen nhw'n brofiadau brawychus tu hwnt, a gall pobl gredu'n sicr eu bod yn marw pan maen nhw'n taro. Mae hyn yn naturiol yn arwain at ofni ofn – ofn y bydd pwl yn dod a'r tro hwn, yn y pen draw, y bydd rhywbeth ofnadwy yn digwydd mewn gwirionedd. Yn aml mae pobl yn ceisio ymdopi trwy osgoi neu ymbellhau oddi wrth unrhyw sefyllfa a fydd yn eu barn nhw'n achosi pwl, neu unrhyw sefyllfa lle na fydd yn bosib osgoi'r panig. Gall hyn gyfyngu'n ddifrifol ar fywyd rhywun, ac i rai pobl mae'n gysylltiedig ag agoraffobia a fydd yn cael ei ddisgrifio'n nes ymlaen.

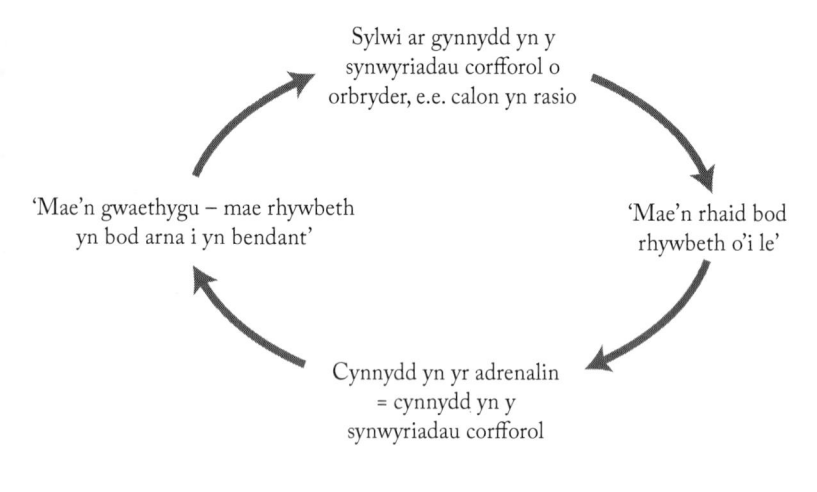

Sylwi ar gynnydd yn y synwyriadau corfforol o orbryder, e.e. calon yn rasio

'Mae'n rhaid bod rhywbeth o'i le'

Cynnydd yn yr adrenalin = cynnydd yn y synwyriadau corfforol

'Mae'n gwaethygu – mae rhywbeth yn bod arna i yn bendant'

Y Cylch Panig

56 CBT

Agoraffobia

Mewn Groeg hynafol, ystyr llythrennol **agoraffobia** yw 'ofn y farchnad'. Mae'r term yn disgrifio ofn mannau agored ac yn aml yn cynnwys anawsterau wrth fod mewn lleoedd cyhoeddus – siopau, torfeydd, trafnidiaeth gyhoeddus, croesi pontydd – neu hyd yn oed dim ond bod oddi cartref. Gan amlaf mae'n anodd, os nad yn amhosib, gwneud y pethau hyn ar eich pen eich hun, er bod rhai sy'n dioddef o agoraffobia'n llwyddo i fynd o gwmpas yng nghwmni rhywun maen nhw'n ymddiried ynddo.

Mae yna un ofn sylfaenol sy'n gyffredin i'r holl sefyllfaoedd gwahanol sy'n achosi anawsterau i bobl ag agoraffobia – bod mewn man lle'r ydych chi wedi'ch llethu gan banig, heb ddim help ar gael, a chithau'n ei chael yn anodd, os nad yn amhosib, dianc i rywle diogel (gan amlaf i'ch cartref).

Pan fyddwch chi mewn man rydych chi'n ei ofni, rydych chi'n hynod bryderus a gofidus ac yn dyheu am allu dianc. Er mwyn osgoi'r gorbryder a'r panig hwn, mae llawer o bobl sydd ag agoraffobia'n aros yn eu cartrefi y rhan fwyaf o'u hamser, os nad eu holl amser. Trist yw gorfod dweud, fodd bynnag, y gallan nhw brofi pyliau o banig hyd yn oed yn eu cartrefi eu hunain ac fe fyddan nhw'n teimlo rheidrwydd i gael rhywun gyda nhw drwy'r amser.

Mae agoraffobia ac anhwylder panig yn effeithio ar tua

5% o'r boblogaeth. Mae'n effeithio ar fwy o fenywod nag o ddynion, ac yn digwydd gan amlaf i rai rhwng 25 a 35 oed. Mae agoraffobia yn effeithio ar hyd at draean o bobl ag anhwylder panig ac mae'n digwydd cyn i bwl ddechrau. Mae'r ofn yn golygu bod y person yn ceisio osgoi'r mannau lle mae'n debygol o gael pyliau o banig ond, tra bydd osgoi'r mannau hynny i ryw raddau yn llwyddo i gadw'r pyliau draw, mae'r cyfyngiadau ar fywyd person yn tueddu i gynyddu ac effeithio nid yn unig ar y person ei hun ond ar y rhai sy'n agos ato.

ASTUDIAETH ACHOS – Billy (anhwylder panig ac agoraffobia)

Gweithiwr swyddfa 25 oed yw Billy. Mae'n teithio i'w waith bob dydd ar drafnidiaeth gyhoeddus. Roedd yn arfer mwynhau'r daith ar y trên gan ei bod yn rhoi amser iddo ddarllen y papur ac ymlacio ychydig cyn dechrau ar ddiwrnod heriol. Un diwrnod, fodd bynnag, roedd y trên yn fwy gorlawn nag arfer. Roedd yn boeth iawn a system awyru'r trên wedi methu. Dechreuodd Billy deimlo'n boeth iawn. Sylwodd ei fod yn chwysu a bod ei galon wedi dechrau rasio. Roedd ei frest yn boenus a theimlai'n grynedig. Roedd yn ofni bod rhywbeth o'i le ac yn meddwl ei fod e'n cael trawiad ar y galon. Aeth oddi ar y trên yn yr orsaf nesaf a galw am ambiwlans. Cafodd ei archwilio yn yr Adran Damweiniau ac Achosion Brys a dywedwyd wrtho nad oedd dim byd yn bod ar ei galon. Roedd e wedi cael pwl o banig. Roedd yn teimlo rhyddhad mawr o glywed hynny, ond wedi'i ysgwyd a'i frawychu gan yr hyn oedd wedi digwydd. Roedd yn llwyr gredu ei fod yn marw. Doedd e ddim am deimlo fel yna byth eto. Roedd yn bryderus iawn pan aeth ar y trên y tro nesaf a dechreuodd brofi'r un symptomau'n union. Wrth iddo ganolbwyntio arnyn nhw, profodd unwaith eto y teimlad brawychus ei fod yn marw. Roedd yn anodd iawn ymdopi â'r synwyriadau a bu'n rhaid iddo adael y trên a mynd adref. Yn raddol, fe wnaeth ofn Billy o'r symptomau o banig beri iddo osgoi mwy a mwy o sefyllfaoedd lle'r oedd e'n credu y gallen nhw ddigwydd a lle'r oedd e'n ofni na fyddai'n gallu dianc.

Dros amser, daeth osgoi yn rhan o fywyd Billy. Doedd e ddim yn credu y gallai wrthsefyll na rheoli'r symptomau panig ac felly ni fyddai'n gwneud dim a allai, yn ei farn ef, eu sbarduno. Rhoddodd y gorau i'w swydd a dechrau gweithio o'i gartref. O dipyn i beth, dechreuodd fynd allan lai a llai a chrebachodd ei fywyd cymdeithasol. Wrth iddo osgoi mwy o sefyllfaoedd, roedd ei ofn o gael pwl trychinebus yn cynyddu a theimlai'n llai a llai abl i fynd allan o gwbl.

Anhwylder gorfodaeth obsesiynol (OCD)

Mae **anhwylder gorfodaeth obsesiynol** yn cynnwys obsesiynau cylchol, gorfodaethau neu'r ddau.

Obsesiynau – meddyliau, delweddau neu ysfeydd ymwthiol, cylchol sy'n peri i chi bryderu neu gywilyddio. Ymhlith yr obsesiynau mwyaf cyffredin mae'r ofn o gael eich heintio gan faw, bacteria, clefyd neu hylifau'r corff, yn ogystal ag ofn trychinebau. Fe allan nhw gynnwys pryderon am drais a fydd yn digwydd i chi, neu niwed – fel pedoffilia neu fwystfileidd-dra – y gallech chi, yn groes i'ch ewyllys, ei wneud i eraill. Mae ofnau cysylltiedig â chredoau crefyddol hefyd yn gyffredin.

Gorfodaethau – meddyliau neu weithredoedd rydych chi'n teimlo bod yn *rhaid* i chi orfodi'ch hun i'w gwneud, ac yn aml eu hail-wneud drosodd a throsodd nes eich bod wedi'u cael yn 'iawn'. Gan amlaf, ymateb i leihau'r gorbryder sy'n cael ei achosi gan obsesiwn yw gorfodaeth. Enghraifft gyffredin yw golchi dwylo drosodd a throsodd fel ymateb i ofn obsesiynol o faw neu facteria. Yn sgil cyffwrdd â phethau penodol, gall rhywun fod ag ofn anghymesur fod bacteria peryglus ar ei ddwylo, ac y gallen nhw fod yn niweidiol i'r unigolyn ac i eraill o'i gwmpas. Felly, gall deimlo gorfodaeth i olchi neu ddiheintio'i ddwylo'n aml er mwyn lleihau'r ofn hwn. Mae enghreifftiau eraill o orfodaeth yn cynnwys glanhau drosodd a throsodd, gwirio, rhifo, cyffwrdd, gosod pethau mewn trefn neilltuol a chelcio pethau.

Yn aml mae angen cael help proffesiynol, gan ei bod yn anodd i rywun ar y cychwyn wahaniaethu rhwng meddyliau obsesiynol a pherygl go iawn. Yn yr un modd, os oes ofn arnoch chi y byddwch chi'n niweidio rhywun yn erbyn eich ewyllys, mae'n ddealladwy na fyddwch am roi prawf ar hynny, rhag ofn i chi ddarganfod mai felly'r oedd pethau.

Yn aml, mae gan bobl sy'n dioddef o OCD ymdeimlad chwyddedig o gyfrifoldeb. Gallant deimlo mai eu rôl nhw yw diogelu'u hunain rhag peryglon y byd, er eu bod gan amlaf yn goramcanu'n sylweddol fygythiadau'r peryglon hynny. Gallan nhw hefyd deimlo rheidrwydd i sicrhau na ddaw niwed i eraill. Yn aml iawn dyw'r ddefod neu'r orfodaeth ddim yn datrys y broblem wedi'r cwbl. Gallant brofi meddyliau ymwthiol ynghylch niwed yn digwydd i eraill. Felly, er enghraifft, gallant deimlo rheidrwydd i symud cerrig oddi ar balmant i wneud yn siŵr na wnaiff neb faglu drostyn nhw, ond ar yr un pryd byddant yn dal i bryderu y gallai eu lleoliad newydd achosi niwed i rywun.

Gorbryder iechyd

Gall rhywfaint o bryderu ynglŷn â'ch iechyd fod yn beth da, am ei fod yn golygu eich bod chi'n ceisio byw bywyd mwy iach. Mae pobl sydd wedi dioddef o broblemau iechyd, yn enwedig rhywbeth fel trawiad ar y galon neu ganser, yn aml yn penderfynu eu cymryd fel rhybudd y gall rhywbeth gwaeth ddigwydd y tro nesaf os nad ydyn nhw'n gwneud rhai newidiadau. Er bod y meddylfryd hwn yn gallu bod yn fuddiol iawn i rai, mae eraill yn teimlo eu bod yn mynd yn fwyfwy obsesiynol ynglŷn â'u hiechyd. Mae'r gorbryder cynyddol hwn yn digwydd i rai ar ôl salwch rhywun maen nhw'n ei adnabod, ar ôl rhyw newid pwysig yn eu bywyd, neu gall ddod o nunlle heb unrhyw reswm penodol. Mae'r symptom lleiaf yn cael ei chwyddo y tu hwnt i bob rheswm. Mae rhyw fymryn o snwffian yn golygu bod rhywun ar fin marw o haint y moch, marc ar y croen yn golygu canser malaen, blinder yn troi'n sglerosis ymledol, gyda phen tost yn golygu tiwmor ar yr ymennydd – na fydd yna driniaeth lawfeddygol ar ei gyfer, wrth gwrs. Mae pobl sydd â gorbryder iechyd yn ymweld â'u meddyg yn aml, a gallant fynd ymlaen i gael llawer o archwiliadau, profion ac apwyntiadau gyda meddygon ymgynghorol heb i ddim ddod o'r peth. Gallant hefyd dreulio llawer iawn o amser yn ymchwilio i anhwylderau ar y rhyngrwyd neu mewn llyfrau. Gall gofid ynglŷn ag afiechyd gymryd drosodd ac achosi diflastod mawr i'r bobl hyn.

ASTUDIAETH ACHOS – **Mamta (gorbryder iechyd)**

Menyw iach, heini yn ei phumdegau yw Mamta. Yn drist iawn, bu un o'i ffrindiau gorau farw'n ddiweddar o ganser y fron. Roedd hi wedi bod yn fenyw hynod iach oedd yn cymryd gofal da ohoni'i hun, yn bwyta'n dda ac yn ymarfer yn rheolaidd. Daeth ei chanser yn hollol annisgwyl. Aeth trwy fisoedd lawer o driniaeth enbydus cyn marw'n 53 oed. Yn naturiol, mae colli ei ffrind, a sydynrwydd brawychus ei salwch, wedi bod yn ergyd galed i Mamta. Mae'n dechrau canolbwyntio ar ei chorff ei hun ac ar unrhyw beth a allai gael ei ddehongli fel symptom o afiechyd. Os bydd ganddi ben tost neu ambell blwc yn y cyhyrau, neu os yw hi'n teimlo poen mewn unrhyw le yn ei chorff, mae'n ymgolli'n gyfan gwbl yn y peth ac yn pryderu'n ddiddiwedd ynghylch beth all hyn ei olygu. Mae Mamta'n chwilio ar y rhyngrwyd am ystyr symptomau, neu'n gofyn i eraill beth maen nhw'n meddwl sydd o'i le arni. Mae'n ymweld â'i meddyg teulu yn amlach, ac yn gofyn am sicrwydd nad yw'r pethau mae hi'n eu hystyried fel symptomau yn arwyddion o rywbeth mwy difrifol. Ar ôl iddi weld y meddyg, mae Mamta'n teimlo'n well am ychydig ond yna'n ailddechrau pryderu. Am fod Mamta'n pryderu am symptomau corfforol y byddai hi wedi eu hanwybyddu ynghynt, mae ei meddyg teulu'n ei hanfon am nifer o brofion. Wrth i orbryder a straen Mamta gynyddu, mae'n profi mwy o symptomau corfforol sy'n gysylltiedig â gorbryder – pennau tost amlach, lludded, ei chalon yn curo'n gyflym a gwynegon a phoenau cyffredinol. Mae'r rhain, yn naturiol, yn ychwanegu at ei phryder ac yn ei gyrru'n ôl at ei meddyg teulu ac at ffynonellau eraill i roi sicrwydd iddi. Pan fo'r meddyg yn ei sicrhau nad oes dim byd o'i le arni, mae Mamta'n dechrau ei amau ac yn mynd ati i archwilio mwy a mwy o therapïau gwahanol.

Sut gall CBT helpu gyda gorbryder

Y newyddion da yw bod therapyddion CBT wedi datblygu nifer o dechnegau sydd wedi profi'n llwyddiannus ac wedi helpu pobl i oresgyn anhwylderau gorbryder. Gall y dulliau canlynol i gyd gael eu cymhwyso i'r gwahanol anhwylderau sy'n cael eu disgrifio uchod. Bydd ambell un yn fwy buddiol na'i gilydd mewn sefyllfaoedd neilltuol. Rhowch gynnig arnyn nhw i weld pa rai sy'n gweithio i chi. Yn gyntaf, fe edrychwn ni ar sut gallech chi ddelio â'ch meddyliau ac yna fe symudwn ni ymlaen i archwilio rhai strategaethau ymddygiadol a all fod o gymorth wrth i chi geisio rheoli'ch gorbryder.

Cydbwyso meddyliau

Y dechneg hon yw'r allwedd i therapi gwybyddol ac mae'n golygu edrych ar eich meddyliau gorbryderus mewn ffordd wahanol. Gallwch ddechrau gweld mai dim ond meddyliau ydyn nhw, ac nad ydyn nhw o reidrwydd yn cynrychioli ffeithiau. Gallwn weld meddyliau fel **digwyddiadau ymenyddol** yn unig. Ac eto, rydyn ni'n aml yn ymateb iddyn nhw fel petaen nhw'n ffeithiau pendant yn hytrach na phosibiliadau neu syniadau. Ydy rhywbeth drwg yn siŵr o ddigwydd dim ond oherwydd eich bod chi'n meddwl hynny? Bydd rhai meddyliau yn wir, bydd rhai na fyddan nhw'n wir, ac fe fydd bwlch mawr llwyd rhwng y ddau begwn. Mae cofio hyn yn lle da i ddechrau.

Mae Pennod 6 yn edrych ar iselder ac yn dangos sut i

ddechrau rheoli eich meddyliau negyddol trwy archwilio'r dystiolaeth wrthrychol amdanyn nhw, gan weithio ar ddatblygu ffyrdd amgen, mwy cytbwys (a mwy realistig a buddiol yn y pen draw) o edrych ar y sefyllfa. Edrychwch ar rai o'r ymarferion sydd yn y bennod. Ystyriwch a ydych chi'n cael eich effeithio gan rai o'r ffyrdd gwyrgam o feddwl sy'n cael eu disgrifio.

RHOWCH GYNNIG ARNI

Wrth ddelio'n benodol â meddyliau pryderus, pryderon neu ragfynegiadau, gall gofyn y cwestiynau canlynol i chi'ch hun fod o gymorth er mwyn i chi gael persbectif gwahanol, a hwnnw o bosib yn bersbectif mwy buddiol. Ysgrifennwch yr ateb ar gyfer pob un o'ch gwahanol bryderon neu feddyliau.

Ein cwestiynau i herio'ch pryderon neu'ch meddyliau pryderus

- Pa mor bwysig fydd hyn yn fy mywyd ymhen 5 mlynedd?

- Beth fyddai fy ffrind gorau'n dweud y dylwn i ei wneud ynglŷn â'r peth?

- Beth fyddwn i'n cynghori fy ffrind gorau i'w wneud pe bai hon yn broblem iddo fe/iddi hi?

- Ydw i'n honni mai fy ffordd i o weld pethau yw'r unig ffordd bosib?

- Ydw i'n neidio dri digwyddiad ymlaen hyd yn oed cyn i'r cam cyntaf ddigwydd?

- Ydw i'n goramcanu'r posibiliadau o drychineb?

Nawr meddyliwch am rai o'ch cwestiynau chi'ch hun i herio'ch meddyliau gofidus, gorbryderus, a gwnewch nodyn ohonyn nhw. Ysgrifennwch faint fynnoch chi o gwestiynau!

OS COFIWCH CHI UN PETH

Nid ffeithiau yw meddyliau – waeth pa mor real a brawychus maen nhw'n *teimlo*.

Herio perffeithiaeth

Ydych chi bob amser yn disgwyl mwy oddi wrthych chi eich hun nag y mae'n bosib ei gyflawni? Ydych chi'n gosod safonau uwch wrth farnu'ch hunan nag wrth farnu pobl eraill? Os yw hyn yn wir, yna gallech fod yn syrthio i batrymau hunandrechol sy'n cynnal eich gorbryder a'ch gwneud yn anhapus iawn. Edrychwch ar yr adran ym Mhennod 6 sy'n trafod sut i leihau hunanfeirniadaeth.

Gwyliwch y geiriau 'dylwn', 'bob amser' a 'rhaid' pan fyddwch yn siarad â chi'ch hun – anaml iawn mae'r geiriau hyn yn rhai buddiol. Mae Elain yn ein hastudiaeth achos yn dweud wrthi'i hun yn aml, 'Fe *ddylwn* i fod yn gwneud hyn yn berffaith', ac 'Mae'n *rhaid* i fi gael hwn yn iawn y tro cyntaf ar fy mhen fy hun neu fe fydda i'n edrych yn real ffŵl!' Dydy'r gosodiadau hyn yn gwneud dim ond peri iddi deimlo'n ddiflas.

Ceisiwch lynu wrth y rheol 'mae digon da yn ddigon da'. Gallwch ddal i wneud pethau'n dda, ond mae anelu at ragoriaeth yn hytrach na pherffeithrwydd yn fwy tebygol o roi canlyniadau boddhaol i chi. Ydych chi'n adnabod rhywun sy'n wirioneddol berffaith ym mhob ffordd? Na? Pam felly rydych chi'n disgwyl i chi'ch hun allu cyrraedd y nod?

> **COFIWCH HYN**
> Wrth anelu at ragoriaeth gallech fod yn hapus am lawer o'r amser. Wrth anelu at berffeithrwydd fyddwch chi byth yn hapus.

Archwiliwch eich credoau ynghylch pryderu

Mae pryderu'n broblem i lawer iawn o bobl oherwydd y credoau sydd ganddyn nhw ynglŷn â'r broses bryderu. Mae gan rai gredoau cadarnhaol ynglŷn â phryderu, fel:

- Mae pryderu'n help i rwystro pethau drwg rhag digwydd ac yn fy helpu i deimlo'n ddiogel

- Mae pryderu'n help i fi fod yn fwy trefnus
- Oni bai 'mod i'n pryderu'n barhaus, fe fyddwn i wastad yn cael pethau'n anghywir.

Ar yr un pryd fe allan nhw fod â chredoau negyddol ynglŷn â phryderu, fel:

- Gallai pryderu fy ngyrru'n wallgof
- Gallai pryderu fy ngwneud i'n sâl
- Mae pryderu'n rhoi straen ar fy nghalon.

Gyda chredoau o'r fath does dim rhyfedd fod rhai pobl yn ei chael hi'n anodd peidio â phryderu – ac yna'n teimlo'n ofnus iawn pan na allan nhw beidio. Meddyliwch am eich credoau chi'ch hun ynglŷn â phryderu. Ysgrifennwch nhw yn y tabl isod.

Pam mae pryderu'n ddefnyddiol i fi	Pam mae pryderu'n ddrwg i fi

Nawr ceisiwch weithio trwyddyn nhw'n rhesymegol. Wrth i ni bryderu, rydyn ni'n ceisio mynd ati'n ddyfal i ragweld pob peth drwg a all, o bosib, ddigwydd i ni er mwyn gallu (rywsut) ei rwystro. Ond ydy hynny mewn gwirionedd yn bosib? Onid yw'n wir fod pethau anffodus yn gallu digwydd ar hap, waeth faint o bryderu rydyn ni wedi'i wneud ymlaen llaw? Allwn ni mewn gwirionedd ddefnyddio'n meddyliau i beri i bethau ddigwydd neu beidio â digwydd? Mae'r rhan fwyaf o bryder yn ddi-fudd. Dydy'r amser rydyn ni'n ei dreulio arno o ddim help i ni fod yn fwy trefnus neu'n fwy effeithiol. Canlyniad pryderu gan amlaf yw rhagor o straen, tyndra a gorbryder. Mae ymchwil yn dangos y gall straen effeithio'n gorfforol arnon ni. Fodd bynnag, does dim llawer o dystiolaeth y gall straen a phryder ar eu pen eu hunain (yn absenoldeb problemau iechyd oedd yn bodoli'n barod) achosi niwed trychinebus neu barhaus i ni'n gorfforol. Mae'n annhebygol y bydd pryder yn niweidio'ch iechyd corfforol neu feddyliol. Fodd bynnag, yr hyn y gallwn ei warantu yw y bydd pryderu'n eich gwneud yn fwy diflas ac y bydd bywyd yn llai pleserus – ac mae hynny'n rheswm digonol i fynd ati i geisio cael rheolaeth arno.

COFIWCH HYN

Gall y credoau sydd gennym am bryderu achosi mwy o drallod i ni. Ewch ati i archwilio a chwestiynu'r credoau hyn – ydyn nhw'n wir, go iawn?

Defnyddiwch y goeden bryderu

Yn y tabl, mae'n siŵr eich bod wedi nodi sawl pryder am eich pryderu. Ydych chi nawr yn pryderu beth i'w wneud ynglŷn â hyn? Peidiwch â phoeni, mae gennym ni ymarfer addas i chi. Gadewch i ni ddelio â'n pryderon drwy baratoi cynllun pryderu. Pan fyddwch chi'n sylwi arnoch chi'ch hun yn pryderu defnyddiwch yr ymarfer canlynol …

RHOWCH GYNNIG ARNI

Gofynnwch i chi'ch hun: Am beth dwi'n pryderu? Cofnodwch bob pryder, bob yn un. Daliwch ati nes byddwch wedi eu rhestru i gyd. Yna, ar gyfer pob pryder unigol, ewch drwy'r diagram a ganlyn:

Oes yna rywbeth alla i ei wneud amdano nawr?

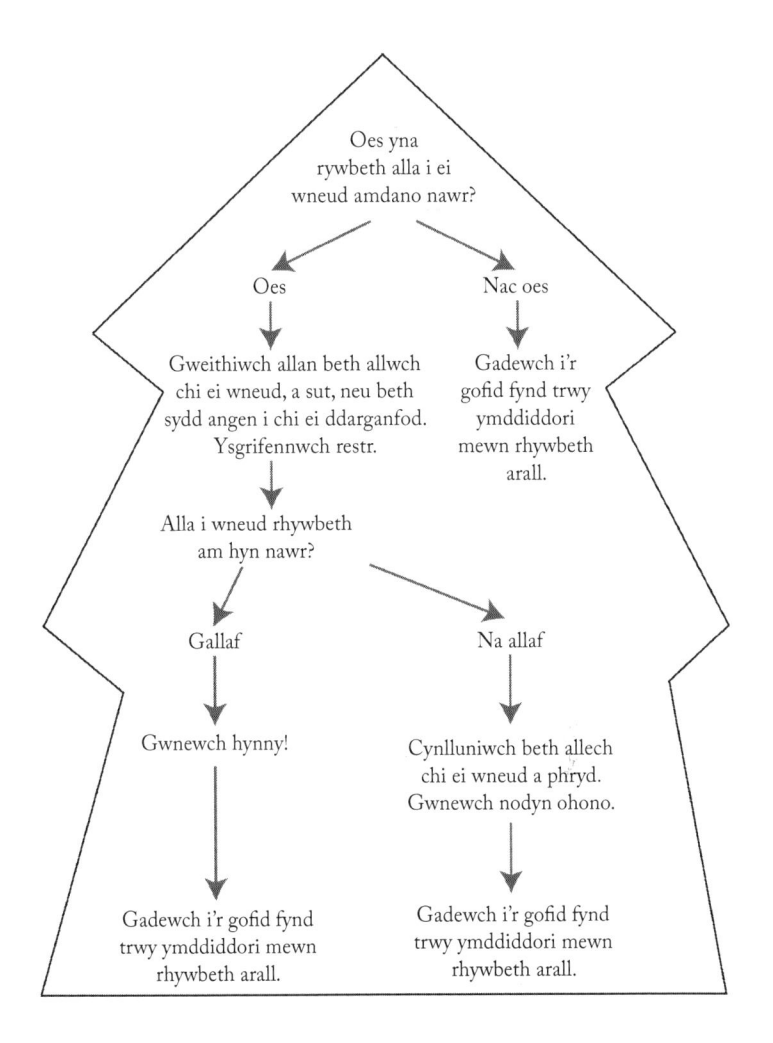

Oes → Gweithiwch allan beth allwch chi ei wneud, a sut, neu beth sydd angen i chi ei ddarganfod. Ysgrifennwch restr.

Nac oes → Gadewch i'r gofid fynd trwy ymddiddori mewn rhywbeth arall.

Alla i wneud rhywbeth am hyn nawr?

Gallaf → Gwnewch hynny! → Gadewch i'r gofid fynd trwy ymddiddori mewn rhywbeth arall.

Na allaf → Cynlluniwch beth allech chi ei wneud a phryd. Gwnewch nodyn ohono. → Gadewch i'r gofid fynd trwy ymddiddori mewn rhywbeth arall.

Y goeden bryderu

Ymgolli mewn rhywbeth arall

Mae'n ddigon hawdd i seicolegwyr ddweud 'meddyliwch am rywbeth arall' pan fyddwch chi'n pryderu neu yng nghanol pwl o banig – ond mae'n anodd iawn gwneud hynny'n ymarferol! Mae'n ddigon naturiol teimlo rhwystredigaeth. Mae ein meddyliau'n llefydd prysur iawn – dyna sut maen nhw wedi'u cynllunio. Rydyn ni'n cael meddyliau di-ri mewn diwrnod a gall y rhai sy'n llawn emosiwn, fel ein pryderon, fod yn anodd iawn eu hanwybyddu. Fodd bynnag, rydyn ni'n gwybod y gallwch chi, gydag ymarfer ac amynedd, ddysgu symud i ffwrdd yn hytrach na glynu wrthyn nhw. Fydd dweud wrthoch chi'ch hun, 'Paid â meddwl amdano!' yn sicr o ddim help. Byddwch yn gadarn (ond yn garedig) â chi'ch hun ac â'ch meddwl prysur. Unwaith y byddwch chi wedi gweithio'ch ffordd trwy'r goeden bryderu, a gweld eich bod wedi gwneud popeth allwch chi, atgoffwch eich hun y bydd rhagor o bryderu yn gwbl ddi-fudd. Peidiwch â dwrdio'ch hun – yn hytrach, cyfeiriwch eich sylw'n dyner i rywle arall, at rywbeth diddorol. Dewiswch weithgaredd fydd yn dal eich sylw'n hawdd, a chanolbwyntiwch eich holl synhwyrau arno. Efallai mai siarad â ffrind neu aelod o'r teulu fydd eich dewis, gwylio rhaglen deledu, gwneud ychydig o waith tŷ neu ymarfer corff. Beth bynnag yw e, ceisiwch ganolbwyntio'ch holl sylw arno. Bydd eich meddwl yn ceisio torri ar eich traws gyda phryderon, ond bob tro mae'n gwneud hynny atgoffwch eich hun nad yw hyn yn fuddiol, ac ailganolbwyntiwch ar beth rydych chi'n ei wneud. Ar y dechrau, efallai y bydd raid i chi wneud hyn sawl gwaith a gall y broses fod yn rhwystredig. Peidiwch â rhoi'r ffidil yn y to na dweud 'alla i mo'i wneud e' – byddai hynny'n tanseilio'ch gwaith da. Does neb yn llwyddo i wneud hyn ar unwaith. Bydd angen llawer o ymarfer, ond dros amser daw'n haws i'w wneud.

> **COFIWCH HYN**
> Dydy ymddiddori mewn gweithgaredd gwahanol ac ymroi iddo ddim yn hawdd. Amynedd ac ymarfer yw'r allwedd.

A nawr ... ymlaciwch ...

Coeliwch neu beidio, mae'r gallu i ymlacio'n gorfforol yn dipyn o sgìl – un sydd heb gael ei feistroli gan lawer ohonon ni, gwaetha'r modd. Pan fyddwn ni'n brysur yn rhuthro o un dasg i'r llall, ddydd ar ôl dydd, yn aml gallwn fod yn cario llawer o dyndra yn ein cyhyrau. Fyddwch chi weithiau'n teimlo'ch ysgwyddau, eich gwddf neu'ch cefn yn brifo ar ddiwedd diwrnod llawn straen? Gall llawer o hyn fod oherwydd tyndra yn y cyhyrau. Pan fyddwn ni dan straen, yn pryderu neu'n gofidio, mae'r tyndra hwn yn cynyddu a gall achosi gwynegon a phoenau, pennau tost a gorflinder. Gall treulio peth amser yn dysgu sut i ymlacio'n gorfforol fod yn fuddsoddiad gwerth chweil i'ch helpu i ymdopi'n well â gorbryder neu straen. Fel dysgu unrhyw sgìl, mae'n rhaid ymarfer. Tra byddwch yn dysgu, dylai'r ymarferion isod gael eu gwneud yn ddyddiol. Bydd neilltuo amser bob dydd i ymarfer fel hyn hefyd yn help i chi ddatblygu'r arfer da o flaenoriaethu cyfnod byr bob dydd ar gyfer ymlacio. Pan fyddwch wedi dysgu sut i ymlacio, glynwch wrth yr arfer – gall neilltuo amser bob dydd i helpu'ch hun i ymlacio'n gorfforol wneud gwahaniaeth mawr.

RHOWCH GYNNIG ARNI
Ymarfer 1: ymlacio'r cyhyrau'n llwyr

- Dewiswch leoliad cynnes a chysurus, lle na fydd neb yn tarfu arnoch chi. Dewiswch adeg o'r dydd pan ydych chi'n fwyaf tebygol o fod yn teimlo wedi ymlacio.
- Gorweddwch i lawr, gwnewch eich hun yn gysurus a chaewch eich llygaid.
- Canolbwyntiwch ar eich anadlu am ychydig funudau. Gan anadlu'n araf a thawel, cyfrifwch 'i mewn-dau-tri, allan-dau-tri'.
- Nawr rydych chi'n mynd i weithio trwy grwpiau gwahanol o gyhyrau, gan ddysgu'ch hun yn gyntaf i'w tynhau, ac yna'u llacio. Dylech anadlu i mewn wrth eu tynhau ac anadlu allan wrth eu llacio.
- Dechreuwch gyda'ch dwylo. Yn gyntaf, gwasgwch un

llaw yn dynn. Meddyliwch am y tyndra mae hyn yn ei achosi yng nghyhyrau eich llaw a rhan isaf eich braich.

- Astudiwch y tyndra am ychydig eiliadau ac yna gadewch i'ch llaw ymlacio. Sylwch ar y gwahaniaeth rhwng y tyndra a'r ymlacio. Mae'n bosib y byddwch yn teimlo rhywfaint o ias. Mae hyn yn arwydd bod yr ymlacio'n dechrau datblygu.

- Nawr gwnewch yr un peth gyda'r llaw arall.

- Bob tro rydych chi'n llacio grŵp o gyhyrau, meddyliwch sut rydych chi'n teimlo pan maen nhw wedi ymlacio. Peidiwch â cheisio ymlacio, ond yn hytrach gollyngwch eich gafael ar y tyndra. Gadewch i'ch cyhyrau ymlacio gymaint ag y gallan nhw.

- Canolbwyntiwch ar y gwahaniaeth rhwng sut maen nhw'n teimlo wedi ymlacio a sut maen nhw'n teimlo pan maen nhw'n dynn.

- Nawr gwnewch yr un peth gyda grwpiau eraill o gyhyrau'ch corff. Bob tro, tynhewch nhw am rai eiliadau ac yna'u llacio. Astudiwch sut maen nhw'n teimlo, ac yna gollyngwch afael ar y tyndra ynddyn nhw. Mae'n fuddiol cadw at yr un drefn wrth weithio trwy'r grwpiau cyhyrau ...

- **Dwylo** – gwasgu gyntaf, yna llacio.

- **Breichiau** – plygwch eich penelinoedd a thynhewch eich breichiau. Teimlwch y tyndra, yn enwedig yn rhan uchaf eich breichiau. Gwnewch hyn am ychydig eiliadau, yna ymlaciwch.

- **Gwddf** – plygwch eich pen yn ôl a'i rolio'n araf o un ochr i'r llall. Teimlwch y tyndra'n symud. Yna dowch â'ch pen yn ôl i safle cysurus.

- **Wyneb** – mae llawer o gyhyrau yma, ond canolbwyntiwch ar eich talcen a'ch gên. Yn gyntaf, tynnwch eich aeliau i lawr i wneud gwg. Llaciwch eich talcen. Gallwch hefyd godi'ch aeliau ac yna'u llacio. Nawr caewch eich safn, yna'i llacio – sylwch ar y gwahaniaeth.

- **Brest** – cymerwch anadl ddofn, daliwch hi am ychydig eiliadau, sylwch ar y tyndra, yna ymlaciwch. Nawr anadlwch fel arfer.

- **Stumog** – tynhewch gyhyrau'ch stumog mor dynn ag y gallwch … ac ymlaciwch.

- **Bochau'r pen-ôl** – gwasgwch fochau'r pen-ôl at ei gilydd, yna ymlaciwch.

- **Coesau** – sythwch eich coesau a phlygu eich traed i gyfeiriad eich wyneb. Ymlaciwch. Gorffennwch trwy symud bysedd eich traed.

Gall cael ffrind i ddarllen y cyfarwyddiadau i chi fod o gymorth. Wrth fynd trwy'r ymarfer, peidiwch ag ymdrechu'n rhy galed – dim ond gadael iddo ddigwydd.

RHOWCH GYNNIG ARNI

Ymarfer 2: golwg amgen ar 'therapi llyfryddol'
Nid darllen llyfr sydd yma – ond defnyddio un!
Dim ond 15 munud sydd eu hangen arnoch chi, ond
os ydych chi'n dymuno rhoi mwy o amser i hyn, mae
croeso i chi wneud!

- Chwiliwch am lyfr cymharol fawr, ewch ag e i le tawel a gosod larwm 15 munud ymlaen, fel na fydd raid i chi bryderu am yr amser.

- Gorweddwch i lawr, agorwch y llyfr a'i roi e wyneb i lawr ar eich bol.

- Canolbwyntiwch ar anadlu'n araf trwy'ch trwyn am 4 eiliad, daliwch eich anadl am 2 eiliad araf, yna anadlwch allan yn araf trwy'ch ceg am 4 eiliad arall. Gwnewch hyn nifer o weithiau.

- Canolbwyntiwch eich sylw ar y llyfr. Gwyliwch e'n codi ac yn disgyn. Astudiwch e mor ofalus ag y gallwch chi.

- Bydd eich meddwl prysur yn siŵr o geisio ymyrryd trwy gyflwyno llawer o feddyliau i dynnu'ch sylw. Peidiwch â mynd ar drywydd y meddyliau hyn, ond yn hytrach dywedwch wrthych chi'ch hun y gallwch chi ddelio â nhw'n nes ymlaen, gan eich bod ar hyn o bryd yn gwneud eich therapi llyfryddol. Yna ewch yn ôl i ganolbwyntio ar eich cyfrif, ar eich anadlu, ac ar wylio'r llyfr yn codi a disgyn yn araf, codi a disgyn … ydy'r larwm yn canu'n barod?

> ## RHOWCH GYNNIG ARNI
> ### Ymarfer 3: lle diogel
> Ymarfer delweddu yw hwn a gall gymryd peth amser i'w feistroli. Enw arall arno yw **hunanhypnosis**. Yn aml mae pobl yn credu nad ydyn nhw'n dda am ddelweddu, ond gydag ymarfer ac amynedd gall y rhan fwyaf ohonon ni greu darluniau yn ein meddwl. Yr hyn sy'n dda yw bod ymchwil yn dangos nad oes angen darluniau byw iawn ar gyfer y gwaith hwn – mae rhai aneglur, niwlog lawn cystal.

- Chwiliwch am le tawel ac eisteddwch neu gorweddwch yn gysurus. Eto, gall fod yn help gosod larwm 15 munud ymlaen fel na fydd raid i chi bryderu am yr amser.

- Ymlaciwch a chanolbwyntio ar eich anadlu. Anadlwch i mewn ac allan yn araf ac yn ddwfn o'ch stumog. Ceisiwch arafu'ch anadlu i 10–12 anadl y funud, ac yna anghofiwch am y peth. Anadlwch yn naturiol – dyna i gyd.

- Caewch eich llygaid a dechreuwch ddychmygu'ch hun mewn lle sy'n ddiogel, yn gynnes ac yn heddychlon.

Gall hwn fod yn unrhyw le – traeth trofannol, parc yn yr haf, eich gwely neu'r lleuad. Gall fod yn real neu'n ddychmygol.

- Canolbwyntiwch ar eich synhwyrau. Beth allwch chi ei weld, ei glywed, ei arogli a'i deimlo yn y lle diogel hwn? Sut ydych chi'n teimlo? Beth sydd o'ch cwmpas?

- Treuliwch ychydig funudau yn archwilio'ch lle diogel. Llaciwch eich cyhyrau a gadewch i'r tyndra ddiflannu tra ydych chi yn eich lle diogel.

- Unwaith eto, mae'n bosib y bydd eich meddwl prysur yn ceisio tynnu'ch sylw gyda meddyliau, pryderon neu ddelweddau eraill. Yn dyner, gollyngwch eich gafael arnyn nhw. Atgoffwch eich hun eich bod ar hyn o bryd yn eich lle diogel – gallwch ddelio â'r meddyliau eraill yn nes ymlaen. Ewch ati i ymarfer **troi eich meddyliau i lawr** – yn union fel rydych chi'n troi'r sain i lawr ar y radio.

Gydag ymarfer fe welwch fod modd i chi alw ar y lle diogel pryd bynnag rydych chi dan straen neu'n bryderus, ac mae hynny'n fuddiol dros ben. Gall mynd i'r lle diogel hwn yn eich dychymyg am ychydig amser eich helpu i ailganolbwyntio, i ymdawelu ac yna i allu symud ymlaen mewn cyflwr meddwl llai cythryblus.

> **COFIWCH HYN**
>
> Dyw ymlacio corfforol ddim yn dod yn naturiol i lawer ohonon ni – mae'n sgìl defnyddiol i'w ddysgu a'i ddatblygu. Dyfal donc!

Torri'r cylch panig

Eisoes rydyn ni wedi edrych ar sut mae meddyliau a synwyriadau corfforol yn rhyngweithio i greu pwl o banig. Y cam cyntaf wrth ddelio â phyliau o banig yw dysgu beth yn union sy'n eu hachosi. Mae panig yn deimlad hynod o ddiflas – mae'n frawychus. Mae'n anodd iawn credu nad oes dim byd trychinebus yn mynd i ddigwydd i chi. Fodd bynnag, rydyn ni'n gwybod mai system hunangyfyngol yw panig. All panig ddim gwneud niwed i chi. Does dim tystiolaeth fod neb wedi marw yn ystod pwl o banig heb fod ganddo eisoes broblem iechyd waelodol. Does dim tystiolaeth chwaith fod neb wedi 'mynd yn wallgof' wrth gael pwl o banig. Dyw'r ffaith eich bod yn teimlo synwyriadau corfforol cryf iawn ddim yn golygu bod y trychineb rydych chi'n credu wnaiff ddigwydd yn anochel. Y tebygolrwydd yw na fydd yn digwydd o gwbl.

Er enghraifft, mae llawer o bobl yn teimlo y byddan nhw'n llewygu wrth gael pwl o banig. Ond beth, dybiwch chi, sy'n gorfod digwydd i'ch pwysau gwaed i beri i chi lewygu? Mae'n rhaid iddo ddisgyn yn sydyn. Beth, dybiwch chi, sydd gan amlaf yn digwydd i'ch pwysau gwaed mewn pwl o banig? Mae'n codi (ond nid, fel arfer, mewn ffordd beryglus). Yr unig eithriad i hyn yw bod â ffobia ynghylch gwaed neu anaf, ac fe allai gweld y pethau hyn wneud i'ch pwysau gwaed ddisgyn. Felly, mae bron â bod yn amhosib i'r mwyafrif o bobl lewygu yn ystod pwl o banig.

Ystyriwch beth yw'ch ofnau pan fyddwch mewn panig:
- Beth yw'r peth gwaethaf allai ddigwydd?
- Pa mor debygol yw hi, mewn gwirionedd, y bydd hyn yn digwydd (yn hytrach na faint mae'n teimlo fel pe bai hyn yn mynd i ddigwydd)?
- Pa mor debygol fyddai rhywun arall yn ystyried hynny?
- Pe bai'r gwaethaf yn digwydd, pa mor debygol fyddech chi o fethu ymdopi ag e (waeth pa mor ofnadwy fyddai e)?

Gall meddwl fel hyn fod yn fuddiol iawn wrth geisio torri cylch panig. Fodd bynnag, yn y pen draw, yr unig ffordd y gallwch brofi i chi'ch hun fod hyn i gyd yn wir yw trwy wynebu'ch ofnau a rhoi'r ffordd newydd hon o edrych ar bethau ar waith.

Bydd yr adrannau isod ar **gysylltiad graddedig** ac **arbrofion ymddygiad** yn help i chi wneud hyn.

Cysylltiad graddedig

Mae CBT yn defnyddio therapi 'dod i gysylltiad' (*exposure therapy*) fel ffordd i helpu pobl i wynebu a threchu'u hofnau. Mae'n cael ei ddefnyddio mewn amryw o ffyrdd i drin holl anhwylderau gorbryder. Yma rydyn ni'n disgrifio'r egwyddorion hanfodol sy'n berthnasol iddyn nhw i gyd.

1. **Datblygwch hierarchaeth raddedig.** Ysgrifennwch y rhifau o 1 i 10 ar ochr dde tudalen o bapur. Mae 1 yn cynrychioli'r gweithgareddau nad ydyn nhw'n rhy ofnadwy – y rhai fyddech chi'n pryderu rhyw ychydig amdanyn nhw ond yn gallu gwthio'ch hunan i'w gwneud. Mae 10 yn cynrychioli'r gweithgareddau fyddai'n achosi'r ofn mwyaf i chi – y rhai fyddai'n peri i chi ddweud 'Dim o gwbl! Allwn i byth wneud hynna!' Dechreuwch trwy gofnodi rhywbeth ar dop a gwaelod y raddfa hon. Yna meddyliwch beth allai fynd yn y canol – pa weithgaredd fyddai tua 5? Daliwch ati nes bod gennych chi restr o 10 gweithgaredd, a'r raddfa, felly, wedi'i chwblhau. Gall cael help gan rywun sy'n eich adnabod yn dda fod yn amhrisiadwy.

2. **Dechreuwch weithio trwy'r hierarchaeth o'r gwaelod i fyny.** Gallwch ofyn i rywun agos fod yn gwmni i chi os bydd hynny'n eich helpu i ddechrau arni, ond wedyn mae'n bwysig eich bod yn dal i ymarfer ar eich pen eich hun. Ailadroddwch bob eitem nes y byddwch yn

teimlo'n hyderus yn ei chylch, a hyd nes y byddwch yn gweld nad yw'r canlyniad ofnadwy roeddech chi'n ei ofni, beth bynnag allai hwnnw fod (corynnod yn gwibio drosoch chi, ystlumod yn mynd yn sownd yn eich gwallt, disgyn o uchder, neu foddi hyd yn oed) yn digwydd. Ar bob cam, gwnewch nodyn o'r hyn ddysgoch chi, a defnyddiwch hwnnw i symud ymlaen i'r cam nesaf ar yr hierarchaeth. Cofiwch longyfarch eich hun bob cam o'r ffordd, yn hytrach na dweud 'Mae hyn yn hawdd i bobl eraill, felly dyw e ddim yn rhyw gamp fawr i fi'. Ond mae'r rhain yn gamp fawr *i chi*.

3. **Arhoswch yn y sefyllfa nes i'ch gorbryder leihau.** Ar ddechrau pob tasg 'dod i gysylltiad', rhowch sgôr allan o 10 i'ch gorbryder. Mae'n debyg y bydd yn uchel iawn ar y dechrau. Mae'n hollbwysig eich bod yn aros yn y sefyllfa nes bydd eich gorbryder wedi disgyn i o leiaf hanner yr hyn oedd e'n wreiddiol. Gall hyn fod yn anodd. Fodd bynnag, os ydych chi'n 'dianc' yn rhy fuan wnewch chi ddim dysgu sut *gallwch* chi ymdopi â'ch ofn. Peidiwch â symud – bydd eich gorbryder yn lleihau a byddwch yn dysgu beth sydd ei angen arnoch chi er mwyn symud ymlaen i'r cam nesaf.

> **GAIR I GALL**
> Fel y dywedodd rhywun, 'Pan drois i wynebu fy mhryderon, sylweddolais mai dim ond cath fach oedd y llew ffyrnig mewn gwirionedd!'

Gair am ymddygiadau diogelu

Meddyliwch am y stori ganlynol:

> *Roedd dyn yn eistedd y tu allan, yn curo'i ddwylo'n rhythmig. Daeth bachgen ato a gofyn, 'Pam rydych chi'n curo'ch dwylo fel yna?' Atebodd y dyn, 'Mae'n cadw'r teigrod draw.' Cilwenodd y bachgen, edrychodd o'i gwmpas a dweud, 'Ond does yna ddim teigrod!' Ac atebodd y dyn, 'Ti'n gweld, mae'n gweithio!'*

Pam mae'r stori hon yn ddigri? Mae'r dyn yn credu go iawn bod y curo dwylo'n cadw'r teigrod draw. Mae'n credu hyn am nad oes yna deigrod pan fydd e'n curo'i ddwylo. Fodd bynnag, yr hyn nad yw'n ei wybod, ond mae'r bachgen yn ei wybod, yw nad oes yna deigrod yno yn y lle cyntaf. Yr unig ffordd i'r dyn ddod i ddeall hyn fyddai stopio curo'i ddwylo a rhoi prawf ar ei gred – ond mae hyn yn rhywbeth dychrynllyd iawn i'w wneud os yw e wir yn credu mai'r curo dwylo sy'n cadw'r teigrod draw. Y curo dwylo yw'r hyn rydyn ni ym maes CBT yn ei alw'n **ymddygiad diogelu**. Mae pobl sydd ag anhwylder gorbryder yn aml yn defnyddio ymddygiadau diogelu i geisio helpu'u hunain i ymdopi'n well. Er enghraifft, hwyrach y byddant yn:

- Cario potel o ddŵr pan fyddant yn mynd allan rhag ofn iddyn nhw fynd yn boeth a dechrau mynd i banig
- Eistedd yn agos at y drws ar drên fel y gallan nhw ddianc os oes rhywbeth drwg yn digwydd
- Ceisio rheoli'u hanadlu
- Defnyddio clustffonau i gau allan synau pobl eraill yn siarad (os yw'r synau hynny'n cynyddu eu gorbryder)
- Cuddio'u pen mewn papur newydd os byddan nhw'n dychmygu bod pobl yn edrych arnyn nhw.

Gall y pethau hyn i gyd eu helpu i fynd i'r afael â phethau na fydden nhw wedi'u gwneud fel arall. Y broblem yw eu bod, fel y dyn yn curo'i ddwylo, yn parhau i gredu y byddai'r canlyniad ofnadwy – y 'rhywbeth drwg' – yn sicr o fod wedi digwydd oni bai eu bod nhw wedi cario'r dŵr, defnyddio'r clustffonau, eistedd yn ymyl y drws, rheoli'u hanadlu ac yn y blaen. Drwy wneud hyn, mae'r ymddygiadau yma'n rhwystro'r person rhag gweld a all ymdopi â'i ofn, a darganfod a yw'r peth ofnadwy yn digwydd mewn gwirionedd. Felly, dyw'r gorbryder byth yn cilio.

Wrth i chi wneud eich gwaith 'dod i gysylltiad', gwyliwch yr ymddygiadau diogelu. Os bydd angen i chi ddefnyddio un i wneud y gwaith yma i ddechrau, popeth yn iawn.

Ond cofiwch, ymddygiad diogelu yw e, ac mae angen i chi ollwng gafael arno – dim ond wrth wneud hynny y gallwch chi drechu'ch ofn.

Arbrofion ymddygiad – cyflymu pethau

Wrth gymryd cam ymhellach na chysylltiad graddedig gallwch fod yn wyddonydd, gan roi prawf ar eich meddyliau gorbryderus a'ch ofnau. Mae gwyddonydd yn cynllunio arbrofion i roi prawf ar ddamcaniaethau a thybiaethau ynghylch y ffordd mae'r byd yn gweithio. Rydyn ni'n gwneud yr un peth gyda CBT.

> **COFIWCH HYN**
> Gwrthsefyll ofn, meistroli ofn yw dewrder – nid diffyg ofn.
> Mark Twain

Cam 1

Meddyliwch am sefyllfa rydych chi'n ei hosgoi am fod arnoch chi ofn i rywbeth drwg ddigwydd. Beth ydych chi'n ei ofni? Beth yw'r peth gwaethaf allai ddigwydd? Beth yw'ch rhagfynegiad mwyaf gorbryderus ynghylch beth allai ddigwydd pe baech yn rhoi'ch hun yn y sefyllfa hon? Gwnewch nodyn o'r ofn hwn a'ch rhagfynegiad. Cofiwch y dylai'r hyn rydych chi'n ei ragfynegi fod yn fwy na dim ond bod yn orbryderus yn y sefyllfa – rydyn ni eisoes yn gwybod bod hynny'n wir. Fyddai dim pwynt gwneud yr arbrawf pe na bai'r sefyllfa'n eich gwneud yn orbryderus. Mae'ch ofn yn debygol o fod yn fwy na hynny – beth ydych chi'n meddwl fydd canlyniadau bod yn orbryderus? Colli rheolaeth? Methu ymdopi? Chwalfa lwyr? Mynd yn beryglus o wael? Gwneud ffŵl ohonoch chi'ch hun? Defnyddiwch eich dychymyg – beth mewn gwirionedd ydych chi'n ofni fydd yn digwydd?

Cam 2

Cynlluniwch arbrawf i roi prawf ar eich rhagfynegiad. Beth sydd angen i chi ei wneud? Sut fyddech chi'n mesur a yw'ch rhagfynegiad yn wir ai peidio? Gwnewch nodyn o'r cwbl. Sgoriwch allan o 10 eich cred y bydd eich rhagfynegiad yn digwydd. Hefyd, meddyliwch am yr hyn allai eich rhwystro rhag gwneud eich arbrawf – sut allech chi oresgyn rhwystrau o'r fath i sicrhau eich bod yn ei gyflawni?

Cam 3

Gwnewch yr arbrawf. Cofiwch ddefnyddio dull o'ch dewis chi'ch hun i fesur yr hyn sy'n digwydd. Gwnewch nodyn o'r hyn sy'n digwydd.

Cam 4

Wel? Beth ddigwyddodd? Ddaeth y peth mwyaf ofnadwy roeddech chi'n ei ragweld yn wir? Beth ddysgoch chi? Gwnewch nodyn o'r cwbl – gall hyn wedyn eich helpu i gynllunio'ch arbrawf nesaf.

ASTUDIAETH ACHOS – Billy (anhwylder panig ac agoraffobia)

Ydych chi'n cofio Billy, testun ein hastudiaeth achos panig ac agoraffobia? Dyma arbrawf wnaeth Billy i'w helpu i roi prawf ar ei ofnau, a'r hyn ddysgodd e o'r arbrawf.

Arbrawf Billy

Cam 1

Rhagfynegiad gorbryderus: Os af i i'r siop leol fe fydda i'n cael pwl o banig ac yn methu ymdopi ag e. Fe fydda i'n llewygu neu'n colli rheolaeth mewn rhyw ffordd neu'i gilydd ac yn gwneud ffŵl go iawn ohonof fy hun. Dwi'n credu 80% y bydda i'n colli rheolaeth os bydda i'n mynd yn orbryderus.

Cam 2

Arbrawf: Cerdded i'r siop leol a mynd i mewn. Treulio ychydig funudau yn edrych ar y cylchgronau. Aros am o leiaf 5 munud ac yna dod adref.

Beth allai fy rhwystro i? Gallwn gael fy llethu gan ofn a methu cynnal yr arbrawf.

Sut alla i oresgyn hyn? Fe wna i gofnod o'r sail resymegol ar gyfer yr arbrawf a'i ddefnyddio i'm hatgoffa fy hun pam dwi'n gwneud hyn. Bydd cofio hyn yn help. Fe ga i ffrind i roi cefnogaeth i fi i adael y tŷ ac fe drefna i 'mod i'n gwneud rhywbeth pleserus wedyn fel gwobr.

Cam 3

Beth ddigwyddodd? Llwyddiant! Roedd e'n anodd dros ben ac roeddwn i'n teimlo'n reit wael. Roedd fy nghalon yn rasio a 'nghoesau'n crynu. Roeddwn i wedi llwyr ymlâdd wedyn. Ond wnes i ddim llewygu, a dwi ddim yn credu bod neb wedi sylwi mor ofnadwy roeddwn i'n teimlo.

Cam 4

Beth ddysgais i? Nad oedd e cynddrwg ag roeddwn i'n ei feddwl er 'mod i'n teimlo'n ofnadwy. Dyw pobl ddim fel petaen nhw'n sylwi cymaint ar fy ngorbryder i ag roeddwn i wedi'i ddisgwyl – falle nad yw e mor amlwg ag roeddwn i wedi'i dybio. Dwi'n mynd i ychydig o banig ond dwi ddim yn colli rheolaeth. Erbyn hyn dydw i ond yn credu 40% y bydda i'n colli rheolaeth wrth fynd yn orbryderus.

Beth nesa? Dwi'n mynd i roi cynnig ar hyn mewn gwahanol sefyllfaoedd – rhoi prawf ar fy ofnau.

Trefnu a chynllunio gweithgaredd

Yn aml iawn byddwn ni'n teimlo'n orbryderus ac yn llawn panig oherwydd ein bod yn ceisio gwneud gormod ar unwaith neu heb gynllunio'n hamser yn effeithiol. Mae cynllunio effeithiol yn sgìl bywyd pwysig iawn y mae angen i lawer ohonom (gan gynnwys Elaine a Clair, eich awduron) weithio arno.

Pan fydd gennym ni lawer ar ein plât, rydyn ni'n aml yn mynd yn orbryderus a gall y gorbryder ein parlysu – gall ein rhwystro rhag gwneud y llu o bethau mae'n rhaid i ni eu gwneud. Mae yna ychydig o reolau y gallwn ni eu dilyn i'n cadw rhag cael ein llethu a'n rhwystro fel hyn.

1. Byddwch yn debycach i aderyn bach y su nag i iâr fach yr haf

Gwyliwch iâr fach yr haf. Mae fel petai'n gwibio o un man i'r llall, a phan fydd hi'n stopio allwch chi mo'i gweld hi'n gwneud rhyw lawer cyn gwibio i ffwrdd eto. Pan fyddwn ni'n orbryderus rydyn ni'n tueddu i ymddwyn fel iâr fach yr haf – yn gwibio o un dasg i'r nesaf, gan geisio gwneud gormod ar unwaith ac yn y pen draw yn gwneud dim byd yn iawn neu'n llwyr. Mae aderyn bach y su, ar y llaw arall, yn aros mewn un man, yn hofran er gwaethaf tynfa disgyrchiant, ac yn yfed y neithdar o un blodyn cyn symud ymlaen i'r nesaf. Y rheol yw, faint bynnag sydd gennych chi i'w wneud, **gwnewch un peth ar y tro** a chanolbwyntio ar ddim ond un peth tan i chi ei orffen ac yna gallwch symud ymlaen.

2. Torrwch bethau'n gamau hawdd eu trin

Ydych chi erioed wedi edrych ar yr holl bethau sydd gennych chi i'w gwneud a theimlo'ch bod wedi'ch gorlethu a ddim yn gwybod ble i ddechrau? Mae mor hawdd cael eich temtio i oedi cyn dechrau'r dasg a chuddio'ch pen yn y tywod. Yn lle hynny, **torrwch y tasgau'n gamau bach**. Ystyriwch beth yw'r peth cyntaf sydd angen i chi ei wneud. Yna gwnewch y cam cyntaf hwnnw heb bryderu am y nesaf. Nawr symudwch ymlaen i'r cam bach nesaf, a chyn i chi sylweddoli byddwch wedi gorffen rhywbeth oedd yn teimlo fel tasg anferth. Defnyddiwch y rheol 5 munud a drafodir ym Mhennod 6. Os bydd rhywbeth yn eich gorlethu, gwnewch e am ryw bum munud yn unig. Peidiwch â meddwl ymhellach ymlaen na hynny.

3. Ysgrifennwch gynllun gweithgareddau

Bob dydd, gwnewch restr o'r tasgau rydych chi'n bwriadu'u gwneud. **Gofalwch fod eich dewisiadau'n realistig** (gall hyn olygu dileu rhai ohonyn nhw), yna rhowch nhw yn nhrefn blaenoriaeth. Pa rai sy'n rhaid eu gwneud heddiw? Pa rai all aros am ychydig? Penderfynwch beth rydych chi am ei wneud, pryd, a faint o amser sydd ei angen arnoch chi ar gyfer pob tasg. Yna ychwanegwch ychydig amser i wneud yn siŵr. Gwnewch amserlen ar gyfer y dydd. Cofiwch neilltuo amser am doriadau 'bio' (paned, prydau bwyd a mynd i'r toiled), a hyd yn oed ambell egwyl ar gyfer synfyfyrio! Yna dilynwch eich amserlen. Wrth i chi weithio trwyddi, dychmygwch eich hun fel aderyn bach y su yn hofran yn gyson nes bydd y dasg wedi'i gorffen, ac yna symud ymlaen i'r un nesaf.

4. Datrys y broblem

Os nad ydych chi'n siŵr sut i ddelio â thasg neilltuol, **cymerwch amser i geisio'i datrys yn lle mynd i banig**. Oes yna ffynonellau cymorth y gallech chi eu defnyddio? Pwy allai helpu? Does dim angen bod â chywilydd gofyn am help os ydych chi'n methu symud ymlaen – sut fyddai person yn dysgu unrhyw beth fel arall? Beth fyddai rhywun arall yn ei ddweud am hyn?

Gwnewch gofnod clir o'r broblem. Nawr treuliwch beth amser yn ystyried yr holl ddatrysiadau posib a allai fod iddi. Ewch amdani o ddifri – meddyliwch am gymaint â phosib. Gwnewch nodyn ohonyn nhw i gyd. Nawr ewch trwy bob datrysiad. Nodwch fanteision ac anfanteision pob un ohonyn nhw. Rhowch farc allan o 10 i bob datrysiad unwaith y byddwch chi wedi pwyso a mesur y manteision a'r anfanteision. Yna dewiswch y datrysiad sydd â'r sgôr uchaf. Gallech ofyn i ffrind eich helpu gyda'r dasg hon. Ni fydd datrysiad sydyn i bob problem, ond gall torri pethau'n gamau bach yn aml fod yn help i ni weld beth allwn ni ei wneud yn gyntaf, neu ddeall pa wybodaeth sydd angen i ni ei chasglu i benderfynu ar ddatrysiad.

Yn olaf, rhowch brawf ar y datrysiad. Wnaeth e weithio? Os na wnaeth, pam? Ewch yn ôl i ddatrys eich problem gyda'r wybodaeth newydd a rhowch gynnig ar rywbeth arall.

> ## OS COFIWCH CHI UN PETH
> Gall dysgu dweud 'na' fod yn bwysig iawn. Gwnewch un peth ar y tro a cheisiwch osgoi cymryd gormod ar eich plât yn y lle cyntaf.

Meddyginiaeth

Mae rhai meddyginiaethau arbennig sy'n gallu helpu gorbryder yn y tymor byr ar gael ar bresgripsiwn a thros y cownter. Gall moddion beta-atalyddion leihau gorbryder a rhai symptomau corfforol fel cryndod. Gallant fod o gymorth gyda gorbryder mewn sefyllfaoedd neilltuol, fel yn achos perfformiwr sy'n dymuno lleihau symptomau cryndod cyn cyngerdd. Allwch chi ddim mynd yn ddibynnol ar feta-atalyddion; nid tawelyddion ydyn nhw, felly dydyn nhw ddim yn achosi i chi deimlo'n gysglyd nac yn effeithio ar eich perfformiad, a gallwch eu cymryd yn ôl yr angen. Gallai'ch meddyg teulu roi cwrs byr o 2–4 wythnos o *diazepam* (*benzodiazepine*) i chi, os yw cyfnod y straen yn debygol o fod yn un byr, a bod y symptomau'n neilltuol o enbyd a chaled. Rydych chi'n annhebygol o gael cyflenwad o *diazepam* am gyfnod hwy na hynny, oherwydd y potensial i fynd yn ddibynnol ar y cyffur.

Fodd bynnag, gair o rybudd: mae tystiolaeth ymchwil gref yn awgrymu nad yw defnyddio meddyginiaeth ar ei phen ei hun i ddelio â gorbryder yn rhwystro gorbryder rhag dod yn ôl yn y dyfodol. Gan fod siawns cryf y gall hynny ddigwydd, mae dysgu ffyrdd newydd o ymdopi gan amlaf yn fuddiol iawn. Mae tystiolaeth hefyd y gall defnyddio meddyginiaeth mewn achosion arbennig wrth wneud CBT leihau effeithiolrwydd y therapi. Sut felly? Y ddamcaniaeth yw: er mwyn dysgu sut i ymdopi â gorbryder a phanig, rhaid i chi *brofi'r* teimladau hynny a datblygu ffyrdd i'w goresgyn. Mae meddyginiaeth yn lleihau'r profiad o orbryder yn y tymor byr, ac oherwydd hynny gall rwystro person rhag dysgu'n effeithiol. Yr unig ffordd o lwyr oresgyn gorbryder yw dysgu strategaethau i'w reoli.

Gair i gloi ...

Gadewch i ni weld sut gwnaeth rhoi rhai o'r pethau yn y bennod hon ar waith helpu yn ein tair astudiaeth achos:

ASTUDIAETH ACHOS – Elain (GAD)

Mae Elain yn dechrau rhoi'r syniad fod 'digon da yn ddigon da' ar waith. Mae'n cadw at ei horiau cyflog, a phan nad yw'n siŵr sut i flaenoriaethu'i gwaith (gormod i'w wneud yn yr amser sydd ar gael) mae'n gofyn i'w phennaeth, ac mae honno'n dweud wrthi beth i'w adael. Er mawr syndod iddi mae'n gwneud ei gwaith yn gyflymach, a does dim ohono'n cael ei ddychwelyd gyda gwallau wedi'u nodi. Mae'n cael hwb i'w hyder, ac o fewn chwe mis mae'n cael cynnig dyrchafiad. Mae Elain yn trafod hyn gyda theulu a ffrindiau, ac yn dod i'r casgliad bod ei lefel straen bresennol yn ddigon iddi hi. Mae'n dweud wrth ei phennaeth ei bod yn awyddus i ailasesu'r opsiwn ymhen chwe mis, ac mae hithau'n cytuno. Gartref, mae ei chysgu'n gwella, mae ganddi fwy o egni, ac mae'n llai piwis gyda'r teulu. Pan fydd Elain yn cael meddyliau nad yw'n ddigon da, mae'n rhoi technegau pwyso a mesur ei meddyliau ar waith, ac yn darganfod er syndod iddi fod ei hunan-werth yn gwella'n ddramatig. Mae'r teulu'n dechrau mynd am dro bob pythefnos, weithiau ddim ond cyn belled â'r parc lleol, ac mae pawb yn teimlo'n llawer agosach. Mae Elain a'i gŵr hefyd yn neilltuo amser iddyn nhw ill dau, ac yn llawer hapusach â'u hunain ac â'u perthynas.

ASTUDIAETH ACHOS – Billy (anhwylder panig gydag agoraffobia)

Fel rydyn ni wedi ei weld, mae Billy yn gwneud defnydd da o arbrofion ymddygiad i ddechrau rhoi prawf ar ei ofnau ynghylch mynd allan. Mae hefyd yn darllen am byliau o banig a bellach mae'n deall mwy am y ffordd mae ei feddyliau, ei deimladau, ei synwyriadau corfforol a'i ymddygiadau'n rhyngweithio. Mae wedi deall ei bod yn haws iddo reoli ei banig unwaith mae'n cydnabod beth sy'n digwydd. Mae'n dal i deimlo panig, ond yn raddol mae'n llai dwys ac mae yntau'n llai ofnus y bydd yn colli pob rheolaeth. Yn raddol mae'n dechrau mynd allan fwy a mwy. Mae'n gwneud trefniadau gyda'i ffrindiau ac yn gofyn iddyn nhw ei helpu i'w cyflawni. Mae Billy'n cynllunio arbrofion ymddygiad er mwyn ailddechrau defnyddio trafnidiaeth gyhoeddus a theithio ar ei ben ei hun ar y trên. Mae'n sylwi ar yr ymddygiadau diogelu mae'n eu defnyddio, fel eistedd yn agos at y drws, ac yn eu lleihau'n raddol fel y gall brofi go iawn a ydy'r pethau mae'n eu hofni yn digwydd mewn gwirionedd. Mae'n darganfod nad ydyn nhw. Mae e nawr yn chwilio am waith y tu allan i'w gartref ac yn mwynhau ei fywyd cymdeithasol.

ASTUDIAETH ACHOS – **Mamta (gorbryder iechyd)**

Mae Mamta'n deall y rhan mae canolbwyntio ar symptomau a cheisio sicrwydd yn ei chwarae wrth gynnal ei hanhwylder iechyd. Mae'n gofyn i'w theulu a'i meddyg teulu ei helpu trwy wrthod rhoi sicrwydd iddi, ond yn hytrach ei chefnogi i herio ei hofnau ei hun. Mae'n paratoi cynllun i'w helpu i ymdopi pan fydd hi'n sylwi ar bethau mae hi'n eu hystyried fel symptomau.

Mae Mamta nawr yn pwyso a mesur y dystiolaeth mai synwyriadau normal, dros dro, yw'r symptomau ymddangosiadol mewn gwirionedd. Mae'n gohirio meddwl amdanyn nhw ac yn mynd ati i wneud gweithgareddau eraill, yn ogystal â defnyddio technegau ymlacio i symud ei meddwl i ffwrdd oddi wrthyn nhw. Mae Mamta'n defnyddio pwyso a mesur meddyliau i'w helpu i leihau ei hofn. Mae'n addo iddi'i hun na fydd yn mynd at y meddyg oni bai bod rhywbeth mae hi'n ei ystyried fel symptom yn para'n hirach nag wythnos. Yn raddol mae Mamta'n dechrau teimlo'n well. Wrth i'w gorbryder a'i thyndra corfforol leihau, mae'n sylwi ei bod hi'n profi llawer llai o 'symptomau'. Mae'n holi pobl eraill am eu synwyriadau corfforol nhw ac yn synnu bod pawb weithiau'n profi'r pethau roedd hi'n pryderu amdanyn nhw. Yr unig wahaniaeth yw eu bod nhw'n ystyried hyn yn beth normal. Mae Mamta'n siarad â'i theulu am ei galar o golli ei ffrind. Mae'n dal i fod ag ofn canser, ond yn raddol mae'n sylweddoli nad yw hynny bellach yn rheoli'i bywyd hi ac y gall fynd yn ôl i fyw ei bywyd arferol. Fodd bynnag, mae Mamta'n archwilio ei bronnau'n fisol, ac yn mynd am brawf sgrinio bob tro y bydd ei meddyg teulu'n ei gwahodd.

Gair i gloi …

Gall wynebu'ch ofnau fod yn un o'r pethau anoddaf wnewch chi byth. Cofiwch y geiriau hyn:

> *Y fuddugoliaeth fwyaf oll yw'r fuddugoliaeth drosoch chi'ch hun.*

5. Trechu arferion drwg a meithrin rhai gwell

Yr hyn sy'n anffodus am y byd hwn yw bod arferion da yn llawer haws rhoi'r gorau iddyn nhw nag arferion drwg.
Somerset Maugham

Maen nhw'n dweud mai arfer yw mam pob meistrolaeth. Pan fyddwn ni'n gwneud rhyw weithgaredd drosodd a throsodd, efallai ein bod yn ceisio gwella'n hyfedredd a chyrraedd pwynt lle'r ydyn ni'n gallu ei wneud e bron heb feddwl. Mae arferion hefyd yn bethau rydyn ni'n eu gwneud yn rheolaidd, yn aml heb feddwl amdanyn nhw hyd yn oed. Mae'r gallu hwn i wneud pethau fwy na heb yn awtomatig, heb fod yn gwbl ymwybodol ein bod yn eu gwneud na'u rheoli, yn bwysig iawn yn y ffordd rydyn ni'n byw ein bywydau.

Ystyriwch arferion sy'n cael eu dysgu – dychmygwch geisio cerdded i fyny'r grisiau, clymu careiau'ch esgidiau neu yrru car pe bai'n rhaid i chi gynllunio a meddwl trwy bob cam o'r broses bob tro y byddech chi'n gwneud hynny. Ar y dechrau, mae dysgu sgìl newydd a chymhleth fel gyrru car yn wirioneddol anodd, ac yn gofyn am ganolbwyntio dwys. Rhaid meddwl am bob cam o'r broses, a gallwch deimlo wedi'ch llethu gan yr holl bethau sy'n rhaid i chi eu gwneud ar yr un pryd. Fodd bynnag, unwaith i chi ddatblygu'r sgìl, does bellach ddim rhaid i chi feddwl am bob cam – gallwch eu cyflawni'n awtomatig, a bydd hyn yn eich rhyddhau i ganolbwyntio ar bethau eraill fel i ble rydych chi'n mynd, neu osgoi cath eich cymydog sydd wedi rhedeg allan i'r ffordd!

Yn yr un modd, mae gallu datblygu arferion yn ddefnyddiol iawn. Er enghraifft, os dechreuwch chi, yn fwriadol, roi eich dillad yn y fasged olchi yn hytrach nag ar y llawr wrth ddadwisgo, a sicrhau eich bod yn rhoi rhywbeth yn ôl yn ei le arferol wedi i chi ei ddefnyddio, rydych chi wedi gwneud cryn dipyn i ddatblygu'r arfer o fod yn daclus. Fodd bynnag, ochr arall y geiniog yw ei bod hi'r un mor bosib i ni ddatblygu arferion sy'n llai defnyddiol. Mae yna sawl math o arferion 'drwg', sy'n gallu bod yn ddrwg mewn gwahanol ffyrdd. Mae rhai'n ymwneud â'r ffyrdd rydyn ni'n trin ein cyrff – fel defnyddio sylweddau caethiwus sy'n ddrwg i ni, bwyta'r bwydydd anghywir, yfed rhy ychydig o ddŵr neu wneud rhy ychydig o ymarfer. Efallai ein bod yn cnoi'n hewinedd, yn tynnu'n gwallt allan neu'n pigo'n croen. Gall arferion eraill fod yn rhai rhyngbersonol. Meddyliwch am eiliad sut rydych chi'n trin pobl eraill. Ydych chi'n hynod feirniadol? Ydych chi'n gwylltio'ch partner trwy fod yn ddifeddwl ynglŷn â phethau arbennig o gwmpas y tŷ? Efallai eich bod chi wastad yn hwyr neu'n anniben. Mae'r rhain i gyd yn batrymau o ymddygiad a all ddatblygu'n arferion. Y newydd drwg yw bod angen ymdrech i newid y patrymau hyn. Y newydd da yw ei bod yn bosib gwneud hynny, ac yn llwyddiannus iawn yn aml.

Nawr gadewch i ni fod yn bersonol! Meddyliwch am eich arferion drwg. Gwnewch nodyn ohonyn nhw yn y tabl isod:

Arferion drwg sydd wedi bod gyda fi tan nawr ond yr hoffwn gael gwared ohonyn nhw

Gair am ddibyniaeth

Mae'n bosib trechu arferion sy'n gysylltiedig â sylweddau caethiwus fel nicotin (sydd i'w gael ym mhob ffurf ar dybaco), alcohol a chyffuriau eraill trwy ddefnyddio nifer o'r technegau sy'n cael eu trafod yn y bennod hon, ac sy'n effeithiol i newid arferion o bob math. Fodd bynnag, gall camddefnyddio sylweddau fod yn fwy nag arfer. Gall arwain at ddibyniaeth – ac os ydych chi'n gaeth i sylwedd, yn ogystal â dysgu sut i newid yr arfer, fe all fod angen help ychwanegol arnoch chi i roi'r gorau iddo.

Cymerwch smygu, er enghraifft. Mae sawl ffordd wahanol o gael nicotin heblaw am drwy dybaco. Ar y dechrau mae llawer o bobl yn ei chael hi'n haws rhoi'r gorau i'w dibyniaeth ar dybaco drwy ddal ati i gael nicotin – er enghraifft, mewn gwm cnoi neu batshys. Gallan nhw leihau faint o nicotin maen nhw'n ei gael, gan dynnu eu hunain oddi ar y cyffur yn raddol, ar ôl rhoi'r gorau yn gyntaf i dorri'r arfer o smygu, neu unrhyw ffurf arall ar ddefnyddio tybaco. Os ydych chi am roi'r gorau i dybaco, efallai yr hoffech roi cynnig ar yr opsiynau rydyn ni'n eu hawgrymu i ddechrau, a pheidio â chymryd tybaco o unrhyw fath, i weld a oes angen i chi dynnu eich hun yn araf oddi ar y nicotin. Fel arfer, mae effeithiau dibyniaeth ar nicotin yn rhai digon byrdymor a bydd yr ysfa gorfforol yn pylu ymhen ychydig ddyddiau – felly dim ond yr arfer o ddefnyddio tybaco fydd angen i chi ei dorri wedyn.

Cofiwch fod y defnydd o gyffur o unrhyw fath yn anodd iawn ei newid ar y cychwyn. Mae'n rhaid i chi dorri'r ddibyniaeth a'r arfer ar yr un pryd – ac rydych chi'n gorfod gwneud hyn ar yr union adeg pan ydych chi leiaf hyderus yn eich gallu i lwyddo. Gall tynnu eich hun oddi wrth ddibyniaeth ar alcohol neu gyffuriau eraill fod mor anodd fel bod angen help proffesiynol ar rai pobl i reoli'r broses. Ystyriwch fynd i weld eich meddyg neu arbenigwr yn y maes os oes gennych chi broblemau dibyniaeth. Mae llawer o ffynonellau ar gael i'ch helpu (gweler Pennod 9). Os ydych chi'n teimlo ei bod hi'n amhosib rhoi'r gorau i sylwedd trwy wneud dim ond defnyddio'r technegau sy'n cael eu disgrifio yma, da chi, gofynnwch am help. Unwaith mae'ch corff chi wedi trechu'r ddibyniaeth gorfforol ar sylwedd, gallwch wedyn ganolbwyntio ar dorri'r arferion rydych chi wedi'u hadeiladu o gwmpas eich dibyniaeth – y rhai ymddygiadol yn ogystal â'r rhai gwybyddol (h.y. yr hyn rydych chi'n ei wneud a'r hyn rydych chi'n ei feddwl).

Faint yw gormod? Sut alla i ddweud ydw i'n yfed gormod?

Mae llawer o bobl yn gwybod bod camddefnyddio alcohol yn broblem iddyn nhw, ond yn ei chael yn anodd cyfaddef hynny iddyn nhw'u hunain neu i eraill. Mae'n bwysig cadw llygad ar bethau – ydych chi, yn rheolaidd, yn yfed mwy na'r nifer o unedau sy'n cael eu hargymell ar gyfer eich rhyw? – ac mae'n llawn mor bwysig eich bod chi'n archwilio'ch arferion yfed. Amcangyfrifir bod 1 o bob 25 oedolyn yn y Deyrnas Unedig yn ddibynnol ar alcohol.

Atebwch y cwestiynau canlynol. Byddwch yn onest – rhywbeth preifat i chi yw hyn, a gall ddangos yn glir a oes angen i chi wneud rhywbeth ynglŷn â'ch yfed.

1. Ydych chi'n ei chael hi'n anodd iawn stopio yfed?

2. Ydych chi'n ymateb yn gorfforol pan fyddwch chi'n ymwrthod ag alcohol?

3. Oes rhywun o'ch cwmpas wedi mynegi gofid ynglŷn â'ch yfed?

4. Ydych chi bob amser yn yfed pan fyddwch dan straen?

5. Ydych chi'n osgoi digwyddiadau neu sefyllfaoedd lle rydych chi'n gwybod na allwch chi gael diod?

6. Ydych chi'n rheolaidd yn gwneud pethau wrth yfed rydych chi'n difaru eu gwneud pan ydych chi'n sobr?

7. Ydych chi'n ei chael hi'n anodd mynd am 'ddim ond hanner' neu gadw at un gwydraid o win?

8. Ydych chi efallai'n cael mwy o bleser wrth yfed ar eich pen eich hun?

9. Ydych chi weithiau'n teimlo bod yn rhaid i chi gael diod i ymdopi â sefyllfaoedd penodol?

10. Oes raid i chi neu rywun arall osod terfynau pendant ar eich yfed?

11. Ydych chi'n rheolaidd yn yfed er mwyn cael gwared ar ben mawr?

Os ydych chi wedi rhoi ateb cadarnhaol i rai o'r cwestiynau hyn, yna mae'n bosib fod gennych chi broblem gydag alcohol. Os ydych chi'n credu eich bod yn perthyn i'r categori hwn, rydyn ni'n eich annog i fynd at eich meddyg i gael cyngor.

Cam 1: penderfynu newid

Mae'n anodd newid arferion. Fel rydyn ni wedi'i weld, mae rheswm da am hyn. Mae angen iddyn nhw fod wedi'u sefydlu'n gadarn ac yn eithaf gwydn er mwyn ein galluogi i wneud pethau'n awtomatig. Serch hynny mae hyn yn golygu y gallwn, er i ni lwyddo i wneud y newid, lithro'n ôl yn hawdd i'n hen ffyrdd os na fyddwn ni ar ein gwyliadwriaeth. Er mwyn i ni allu gwneud newid anodd, a dal ati, mae angen i ni gael ysgogiad i wneud hynny – fel arall, fyddwn ni byth yn gallu ymgymryd â'r gwaith caled sy'n angenrheidiol.

Pwyso a mesur cost a manteision newid arfer

Drwy neilltuo ychydig o amser i bwyso a mesur ac archwilio'ch ysgogiad i newid arfer, rydych chi'n fwy tebygol o lwyddo. Meddyliwch am holl fanteision ac anfanteision newid. Gall y tabl hwn fod o gymorth:

	Manteision	Cost (anfanteision)
Newid	☺	
Aros yr un fath		☺

Gall llenwi gwahanol rannau'r tabl hwn eich helpu i feddwl am eich rhesymau dros newid. Gwnewch yn siŵr eich bod yn deall y manteision a'r gost (anfanteision) o aros yr un fath ac o newid eich arfer – yn aml, ond nid bob amser, gall y naill fod yn gwbl groes i'r llall. Os ydych chi'n gadael un rhan yn wag, fe allech fod yn gadael allan ryw elfen bwysig a allai'ch helpu i newid. Mae'r wynebau sy'n gwenu yn y rhannau a fydd, o bosib, yn cynnwys yr elfennau sy'n fwyaf tebygol o'ch ysgogi i newid. Os bydd llawer o fanteision cryf dros newid, a chost fawr yn gysylltiedig ag aros yr un fath, yna byddwch yn fwy tebygol o allu gwneud y newid.

Gwnewch dipyn o waith ar hyn – gofynnwch i'r bobl o'ch cwmpas am eu barn nhw, oherwydd fe allan nhw nodi rhai pethau nad ydych chi wedi'u hystyried.

Wrth gwrs, fydd yr ysgogiad i newid neu beidio â newid ddim yn dibynnu'n gyfan gwbl ar fod â nifer fawr o bethau wedi'u hysgrifennu yn y blychau 'manteision newid' a 'chost aros yr un fath'. Bydd pwysau'r gwahanol bethau'n cyfrif hefyd. Efallai mai dim ond un fantais fydd o aros yr un fath, ond os yw'n rhywbeth sy'n bwysig iawn i chi bydd newid yn anodd, waeth faint o bethau sydd yn y blychau eraill. Meddyliwch am bwysau pob un o'r manteision a'r anfanteision yn unigol. Oes yna ffyrdd y gallech chi eu newid? Pa wybodaeth sydd angen i chi ei chasglu i helpu i gynyddu pwysau'r pethau fyddai o gymorth i chi newid eich arfer?

Dyma enghraifft o sut gallai hyn weithio.

ASTUDIAETH ACHOS – Gwawr

Mae Gwawr, 31 oed, yn smygu. Dechreuodd smygu yn yr ysgol ac mae wedi dal ati am flynyddoedd lawer. Fel arfer mae'n smygu 20 sigarét y dydd. Yn wir, mae'n mwynhau smygu ac yn credu ei fod yn gwneud iddi ymlacio. Mae llawer o'i ffrindiau'n smygu, er bod mwy a mwy bellach yn rhoi'r gorau iddi. Mae Gwawr yn gwybod bod smygu'n ddrwg iddi. Daeth hynny'n amlwg iawn iddi pan ddeallodd fod aelod o'r teulu oedd wedi smygu ar hyd ei oes wedi cael diagnosis o ganser yr ysgyfaint.

Mae Gwawr yn awyddus i roi'r gorau i smygu – mae hi wedi rhoi cynnig arni o'r blaen ond wedi'i chael yn rhy anodd. Y tro hwnnw, sylweddolodd fod yr ysfa wedi pasio'n gyflym, ac mai'r arfer o smygu oedd yn anodd rhoi'r gorau iddo. Mae Gwawr yn briod a chanddi ddau blentyn ifanc. Gadewch i ni edrych ar sut y defnyddiodd Gwawr yr ymarfer manteision ac anfanteision:

	Manteision	Cost (anfanteision)
Newid	☺ • Iechyd yn gwella • Llai o ddiffyg anadl – posibilrwydd o allu ymarfer mwy • Dim arogl mwg arna i • Arbed arian • Y plant a'r gŵr wir am i fi stopio	• Gorfod delio â'r ysfa i smygu • Colli ochr gymdeithasol 'hoe mwgyn' yn y gwaith • Mae smygu'n help i mi ymlacio – efallai y byddaf yn teimlo dan straen fel arall • Mae newid yn wirioneddol anodd
Aros yr un fath	• Dim angen mynd trwy'r ymdrech galed i roi'r gorau iddi • Mwynhau'r amser yn y gwaith gyda ffrindiau sy'n smygu	☺ • Gall smygu goddefol effeithio ar iechyd y plant yn y dyfodol • Efallai y bydd y plant yn fy nynwared i a meddwl ei bod hi'n iawn i smygu • Y gŵr yn gwylltio am fy mod i'n gwario arian na allwn ni ei fforddio • Gall fy iechyd ddioddef

Mae Gwawr yn gweithio trwy'r ymarfer hwn. Mae'n sylwi bod nifer o bethau ysgogol iawn yn y manteision o newid, yn ogystal ag yn y gost o aros yr un fath. Y rhai pwysicaf yw'r rheiny sy'n ymwneud â'i phlant. Mae'n cael budd o ddarllen gwybodaeth am y peryglon i blant sydd â'u rhieni'n smygu, a pheryglon iechyd sigaréts. Mae'r wybodaeth hon yn ychwanegu'n sylweddol at bwysau'r ffactorau hynny sy'n ei hysgogi i newid.

Mae hi hefyd yn sylwi, serch hynny, bod rhai pethau eithaf pwerus yn y blychau ar fanteision aros yr un fath a chostau newid. Yn fwyaf arbennig, mae'n llwyr gredu bod smygu'n ei helpu i ymlacio ac y byddai dan fwy o straen pe bai'n rhoi'r gorau i'r arfer. Mae'n ymchwilio'n fanylach, ac yn archwilio'r dystiolaeth bod hyn yn wir. Mae'r hyn mae hi'n ei ddarllen yn ei helpu i gwestiynu'r dybiaeth hon.

Mae'n sylweddoli y gallai datblygu ffyrdd eraill o ddelio â straen sy'n fwy llesol iddi – mae'n dechrau gwneud ioga ac yn mwynhau'r profiad. Mae'n siarad â'i gŵr ynglŷn â'r modd y gallai ei helpu gyda'r pethau sy'n peri straen yn y cartref. Mae hi hefyd yn mynd i'r afael â'i gofidiau am ochr gymdeithasol smygu ac yn trafod sut i dreulio amser gyda'i ffrindiau heb ymuno â nhw am 'hoe mwgyn'. Mae'n llwyddo i berswadio un o'i ffrindiau y byddai'n dda i'r ddwy ohonyn nhw roi'r gorau i smygu gyda'i gilydd – ac mae hyn yn rhoi hwb gwirioneddol i'w hysgogiad.

COFIWCH HYN

Os nad ydych chi eisiau newid o ddifri, fyddwch chi ddim yn llwyddo. Mae'n werth gweithio ar bethau nawr er mwyn gwneud newid yn bosib.

Archwiliwch eich meddyliau ynglŷn â newid

Drwy'r llyfr hwn rydyn ni'n pwysleisio pwysigrwydd meddyliau a sut maen nhw'n effeithio ar y ffordd rydyn ni'n teimlo ac yn ymddwyn. Mae'n amlwg bod newid arfer yn golygu newid ymddygiad, ac i wneud hyn rydyn ni'n awgrymu nifer o dechnegau ymddygiadol, llawer ohonyn nhw heb fod yn unigryw i CBT. Fodd bynnag, yr hyn sy'n aml yn baglu pobl wrth geisio newid hen arferion neu greu rhai newydd yw'r meddyliau negyddol sydd ganddyn nhw ynghylch newid, neu ynghylch eu gallu i newid. Gan amlaf dydyn nhw ddim yn ymwybodol o'r meddyliau hyn. Treuliwch beth amser yn ystyried pa feddyliau, credoau neu dybiaethau allai fod yn eich dal chi'n ôl rhag mynd i'r afael â'r arfer rydych chi'n dymuno'i newid.

ASTUDIAETH ACHOS – Iona

Mae Iona eisiau colli pwysau. Mae hi sawl stôn yn rhy drwm ac mae hyn yn effeithio ar ei hiechyd a'i hunanwerth. Mae ei pherthynas â phobl yn dioddef am ei bod yn teimlo'n annifyr amdani hi ei hun. Mae'n osgoi cysylltiadau cymdeithasol, ac yn osgoi closio'n gorfforol at ei phartner. Mae ei phwysau'n effeithio ar ei hanadlu ac mae hi wedi datblygu diabetes. Gan amlaf mae hi'n awyddus iawn i newid. Mae'n dechrau'n dda, yn bwyta rhagor o ffrwythau a llysiau ac yn mynd i nofio ddwywaith yr wythnos. Serch hynny, pan fydd brys arni neu pan fydd hi'n brysur, mae'n aml yn bwyta sothach fel creision neu fariau o siocled. Mae angen iddi newid yr arfer hwn os yw hi am wneud rhagor o gynnydd. Mae Iona'n archwilio'i meddyliau ynglŷn â bwyta. Mae'n sylwi ar y patrwm canlynol:

Meddwl: Dwi eisiau bwyd. Dwi eisiau creision.

Sbardunau ...

Meddwl: Ddylet ti ddim gwneud hynny. Rwyt ti'n fochyn. Rwyt ti'n dew, yn ffiaidd ac yn ddiog.
Yn ei phen, mae'n gweld darlun o'i mam yn ei beirniadu.
Sbardunau ...

Emosiwn: euogrwydd, tristwch, cywilydd.

Sbardunau ...

Ymddygiad: hel meddyliau negyddol ac atgofion o'r gorffennol.

Sbardunau ...

Meddwl: Dyw e ddim yn deg. Dwi byth yn cael yr hyn dwi ei eisiau. Mae pawb arall yn gallu bwyta beth fynnon nhw. Ond ddim fi. *Mae'n dychmygu'i mam yn ei dwrdio am fwyta creision.* Fe ddangosa i iddyn nhw – fe wna i e ta beth.

Sbardunau ...

Emosiwn: dicter.

Sbardunau ...

Ymddygiad: mae hi'n bwyta'r creision.

Mae Iona'n sylweddoli bod hwn yn gylch cythreulig o euogrwydd, cywilydd a dicter sy'n ei harwain i ymddwyn mewn ffyrdd nad yw'n eu dymuno go iawn, ac sydd o ganlyniad yn gwneud iddi deimlo'n waeth. Cyn gynted ag y mae'n sylweddoli hyn, mae hi'n gallu torri'r cylch. Mae'n cydnabod y meddyliau hunanfeirniadol sy'n gwneud iddi deimlo'n euog ac yn eu herio. Yn hytrach nag ymateb i'r meddyliau negyddol awtomatig hyn, mae'n ei hatgoffa'i hun ei bod mewn gwirionedd wedi bod yn gweithio'n galed i newid pethau, bod ei phartner bob amser wedi'i hystyried yn ddeniadol beth bynnag fo'i maint, a'i bod yn llwyddiannus mewn sawl rhan o'i bywyd. Mae'n casglu tystiolaeth iddi'i hun i ategu'r meddyliau mwy cadarnhaol hyn.

Mae Iona'n sylweddoli bod herio'r meddyliau hunanfeirniadol hyn yn golygu nad ydyn nhw bellach yn sbarduno cnoi cil ar bethau o'r gorffennol sydd, yn ogystal â'i gwneud yn ddig, yn fwy tebygol o wneud iddi fwyta'r pethau anghywir. Mae'n fwy buddiol iddi fod yn garedig wrthi'i hun a chanolbwyntio'i meddyliau ar y ffaith ei bod hi nawr yn *dewis* bwyta'n wahanol am ei bod hi'n *dymuno* gwneud hynny – nid am fod rhywun arall yn ei bwlio. Mae hyn yn golygu ei bod yn llawer mwy abl i ddilyn ei deiet ac i osgoi llithro'n ôl i'r hen batrymau, fel gwrthryfela trwy fwyta creision.

Pan fyddwn ni'n ei chael yn anodd gwneud pethau rydyn ni'n gwybod eu bod o les i ni, gan amlaf mae hynny'n digwydd oherwydd bod patrymau o feddyliau, emosiynau ac ymddygiadau fel y rhain yn ein dal yn ôl. Gall eu hadnabod, ac yna gweithio ar eu newid, ein galluogi i wneud y newidiadau rydyn ni'n eu dymuno.

Gallwn hefyd fod â meddyliau negyddol awtomatig ynglŷn â'n gallu i newid. Roedd Gwawr, testun ein hastudiaeth achos gyntaf, yn meddwl bod rhoi'r gorau i smygu yn rhy anodd a'i bod hi'n rhy debygol o deimlo straen i allu gwneud hynny. Roedd y meddyliau hyn yn ei dal yn ôl. Roedd gwneud gwaith ymlaen llaw ar brofi'r credoau hyn cyn dechrau ar y dasg o roi'r gorau i smygu o fudd iddi. Unwaith iddi ddechrau sylweddoli bod ganddi ffyrdd eraill o ddelio â straen, roedd hi'n gallu canolbwyntio mwy o'i hegni ar dorri'r arfer. Byddai defnyddio'r adrannau ar ymarferion herio meddyliau ac ymarferion ymddygiad ym Mhenodau 4 a 6 o fudd yma.

COFIWCH HYN

Nid ffeithiau yw meddyliau: efallai fod eich tybiaethau ynglŷn ag a yw newid yn bosib yn eich dal yn ôl.

Cam 2: byddwch yn ymwybodol o'ch gelyn

Mae arferion yn awtomatig – mae hynny'n golygu ein

bod yn eu gwneud nhw heb feddwl ac yn aml dydyn ni ddim yn gwybod pam rydyn ni'n eu gwneud na beth sy'n eu sbarduno. Er enghraifft, cnoi'ch ewinedd – mae llawer o bobl yn gwneud hyn pan maen nhw dan straen, ac eraill pan maen nhw'n teimlo'n ddiflas neu'n synfyfyriol.

Deall a monitro'ch arfer

Er mwyn medru dechrau newid arfer, bydd angen nodi'r canlynol:

- Pryd rydych chi'n ei wneud e?
- Pa mor aml?
- Beth yw'r sbardunau?

Dod yn fwy ymwybodol

Gosodiad ymenyddol sy'n ddefnyddiol iawn ar brydiau yw'r 'awtobeilot'. Fodd bynnag, mae'n troi'n elyn pan fyddwch chi'n ceisio newid arfer. Gallwn ddysgu troi o 'awtobeilot' i 'manual' trwy ddysgu'n hunain i fod yn fwy ymwybodol o'n harferion. Mae hyn yn golygu amser ac ymarfer.

Cyngor doeth:

1. Atgoffwch eich hun yn ddyddiol i gadw llygad am eich arfer.

2. Ysgrifennwch nodyn i chi'ch hun a'i gadw yn rhywle lle byddwch yn ei weld yn gyson.

3. Gofynnwch i bobl eich atgoffa.
4. Nodwch unrhyw beth arall sy'n eich helpu i gynyddu'ch ymwybyddiaeth.

Cadwch ddyddiadur o'ch arfer

Mae **cadw dyddiadur o'ch arfer** yn un ffordd fuddiol o gynyddu'ch ymwybyddiaeth. Bob dydd, ewch ati i fonitro pryd rydych chi'n ymroi i'ch arfer a beth sy'n digwydd ar yr adeg honno. Cadwch lygad am yr *ysfa* i ymroi i'r arfer, a nodwch hefyd pryd yn union rydych chi'n ei wneud. Fedrwch chi adnabod unrhyw sbardunau sy'n ei achosi – beth oeddech chi'n ei wneud, ei feddwl neu'n ei deimlo ar y pryd? Bydd yr holl wybodaeth hon yn eich helpu i adeiladu darlun o sut mae'ch arfer yn digwydd, a'r adegau a'r amgylchiadau y bydd angen i chi fod yn hynod wyliadwrus ohonyn nhw wrth gynllunio i newid eich arfer. Yn eich dyddiadur gallwch gynnwys unrhyw beth a all, yn eich tyb chi, fod yn wybodaeth fuddiol. Y peth pwysig yw cofnodi'r troeon hynny rydych chi'n ymroi i'ch arfer. Gan fod rhai arferion, fel y gwyddom, yn digwydd yn ddiarwybod i ni, gall gymryd peth ymarfer a disgyblaeth. Nodwch pa mor aml rydych chi'n sylweddoli eich bod 'wrthi eto'.

Mae hunanfonitro o unrhyw fath yn aml yn newid beth bynnag rydyn ni'n ceisio ei fesur. Er enghraifft, ydych chi erioed wedi ceisio cadw dyddiadur bwyd, neu gofnodi pob ceiniog o arian rydych chi wedi'i wario mewn wythnos? Os felly, efallai eich bod chi wedi darganfod eich bod yn newid yr hyn roeddech chi'n ei fwyta neu'n ei wario oherwydd eich bod yn fwy ymwybodol ohonyn nhw dim ond wrth gadw dyddiadur. Cadwch hyn mewn cof wrth geisio deall mwy am pam a phryd rydych chi'n ymroi i'ch arferion.

ASTUDIAETH ACHOS – Caio

Mae Caio'n sugno'i fawd. Mae e wedi gwneud hynny ers pan oedd yn blentyn bach a heb roi'r gorau iddi erioed. Fel babi, roedd yn gysur iddo ac mae'n dal i'w helpu i ymlacio. Mae Caio bellach yn ei arddegau ac mae'r arfer hwn yn aml yn peri embaras iddo pan fydd pobl yn sylwi ar y peth. Mae'r sugno wedi gwneud croen y fawd yn sych a rhychiog, a gall fod yn eithaf poenus. Mae Caio'n gofidio bod ei law yn edrych yn hyll, ac y bydd pobl eraill yn meddwl ei fod yn blentynnaidd. Mae'n dechrau cadw dyddiadur o'i arfer ac yn cofnodi bob tro mae'n sylwi ei fod yn sugno'i fawd:

Dydd/ amser	Sefyllfa	Meddyliau neu deimladau	Am ba hyd?	Beth wnaeth i fi stopio?
Llun 4pm	Eistedd mewn gwers Fathemateg	Wedi llwyr ddiflasu	Tua 10 munud	Ben yn chwerthin am fy mhen

Mawrth bore	Ar y bws	Breuddwydio am wyliau	??	Sylwi 'mod i'n ei wneud
Mawrth 3pm	Gwers Saesneg	Ofni y bydd yr athrawes yn gofyn i mi ddarllen	Ychydig eiliadau	Gorfod cydio yn fy llyfr
Iau gyda'r nos	Gwylio'r teledu	Yn ddiflas. Yn biwis. Yn flin gyda Mam am iddi wrthod gadael i fi weld ffilm.	Tua 20 munud	Mam yn dweud wrtha i am stopio

Ar ôl i Caio gadw'r dyddiadur hwn am tua wythnos, gall nodi nifer o batrymau yn ei arfer. Mae'n sylwi ei fod yn aml yn sugno'i fawd pan mae'n ddiflas neu'n hel meddyliau, a phan mae'n profi teimladau annifyr fel bod yn biwis neu'n ofidus. Mae hefyd yn sylwi nad yw'n sugno'i fawd pan mae'n brysur, yn gwneud rhywbeth diddorol neu pan mae e mewn hwyliau arbennig o dda. Mae'r monitro yma'n helpu Caio i ddatblygu cynllun ar gyfer rhoi'r gorau i'w arfer.

Ceisiwch gael persbectif arall

Gall cynnwys barn y bobl o'ch cwmpas fod o gymorth pan fyddwch chi'n ceisio deall mwy am eich arfer. Os ydych chi'n teimlo'n ddigon cysurus i wneud hynny, gofynnwch i bobl eraill beth maen nhw wedi sylwi arno ynglŷn â'ch arfer, a beth yn eu barn nhw sy'n ei sbarduno. Efallai y byddan nhw wedi sylwi ar bethau na welsoch chi! Gall eu syniadau nhw fod o fudd mawr wrth i chi ddechrau gweithio ar dorri'ch arfer.

Cam 3: newid eich arfer

O'r gorau, rydych chi nawr yn hollol barod i wneud y newid. Bydd y technegau canlynol yn help i chi wneud hyn. Byddwch yn ddi-droi'n-ôl yn y ffordd rydych chi'n delio â'ch arfer. Mae'n siŵr y gwelwch chi fod gwneud cynllun ysgrifenedig yn nodi sut rydych chi am fynd ati yn help.

A – Ara deg, un cam ar y tro

Sawl un ohonon ni sydd wedi dechrau ar 'ymgyrch iechyd' neu 'ymgyrch cael trefn' lle'r ydyn ni'n ceisio llwyr newid ein holl ymddygiadau ar unwaith? Ac ydy'r dull yma o fynd ati fyth yn llwyddo? Pur anaml. Mae'n siŵr mai'r rheswm pam mae cymaint o addunedau Blwyddyn Newydd yn methu yw bod pobl yn ceisio newid gormod o bethau ar unwaith. Felly, **canolbwyntiwch ar newid un peth ar y tro**. Mae hyd yn oed newid un arfer bach yn gofyn am ymdrech ac amser – os ydych chi'n ceisio newid gormod ar yr un pryd, mae'n debyg mai methu wnewch chi gyda phob un ohonyn nhw.

Weithiau, gall un cam ar y tro hefyd olygu torri arfer yn rhannau llai a'u newid bob yn un. Ystyriwch newid pethau'n araf – er enghraifft, mae llawer o bobl yn ei chael hi'n haws lleihau eu smygu'n raddol neu fwyta bwydydd neilltuol cyn cael gwared â'r arfer yn llwyr. Sut bynnag fyddwch chi'n penderfynu mynd ati, meddyliwch am y peth yn ofalus a nodwch gynllun clir i chi'ch hun sy'n dweud beth fyddwch chi'n ei wneud a phryd. Gall dechrau gyda chamau bach fod o gymorth. Er enghraifft, os ydych chi am yfed rhagor o ddŵr, dechreuwch gydag un gwydraid ar yr un amser bob dydd. Daliwch ati am sawl diwrnod. Yna ychwanegwch un gwydraid yn rhagor, ac yn y blaen. Peidiwch â cheisio yfed wyth gwydraid y dydd o'r dechrau.

B – Byddwch yn realistig

Mae'n siŵr y gallen ni i gyd fod yn fwy iach, yn fwy amyneddgar, yn fwy trefnus ac yn abl i weithredu llu o welliannau o'r fath. Mae gan bawb arferion sydd heb fod yn ddelfrydol. Yn union fel mae'n bwysig ceisio newid un peth ar y tro, mae'n bwysig **anelu at newid sy'n realistig ac yn gyraeddadwy.** Peidiwch â cheisio ailddyfeisio'ch hun yn gyfan gwbl – rydych chi, i raddau helaeth, yn iawn fel rydych chi – yr unig bethau sydd angen eu newid yw'r rhai sy'n peri gofid i chi. Os mai 'digon da' fydd eich nod yn eich arferion, mae'n debygol y byddwch yn llwyddo. Ond os mai 'perffaith' yw eich nod, methiant fydd y cyfan. Gall rhoi'r gorau i sigaréts fod yn realistig. Ond mae'n debyg mai afrealistig fyddai peidio â bwyta'r un barryn o siocled byth eto, yfed 3 litr o ddŵr bob dydd, mynd i'r gampfa bum gwaith yr wythnos, a pheidio â gweiddi ar neb.

C – Clir a chroyw: byddwch yn glir ynglŷn â'r hyn rydych chi'n ei newid

Defnyddiwch yr hyn rydych chi wedi'i ddysgu o'ch monitro i **wneud yn siŵr eich bod yn gwbl glir yn eich meddwl eich hun** ynglŷn â pha agweddau ar eich ymddygiad rydych chi am eu newid a beth yw'ch nod. Yn achos rhai arferion, bydd hyn yn amlwg – rydych chi am roi'r gorau i smygu neu gnoi'ch ewinedd neu daflu'ch dillad ar y llawr. Gydag eraill, fydd hi ddim mor amlwg – efallai y bydd angen i chi fod yn glir a chroyw gyda rhai arferion rhyngbersonol, er enghraifft cecru, dadlau neu feirniadu. Byddwch yn gwbl benodol ynglŷn â'r pethau rydych chi am iddyn nhw fod yn wahanol a'r hyn rydych chi'n dymuno ei wneud neu ei ddweud yn eu lle.

D – Dyddiad: gosodwch ddyddiad

Un ffordd o ysgogi'ch hunan a chynyddu'ch lefelau egni i fynd i'r afael â newid arfer yw **creu elfen o ddisgwylgarwch**. Gosodwch ddyddiad i wneud y newid a dechreuwch ddisgwyl amdano. Gadewch i bobl eraill wybod beth yw'ch cynllun – gall hyn ei gwneud yn fwy anodd i chi dynnu'n ôl. Crëwch ychydig o gynnwrf ynoch chi'ch hun ynglŷn â'r dyddiad hwn. Dyma'r dyddiad pan fyddwch chi'n dechrau ar broses fydd yn gwneud i chi deimlo'n llawer gwell yn y pen draw, hyd yn oed os yw'n waith caled ar y dechrau.

E – Eliffantod – dydyn nhw byth yn anghofio …

Ond nid eliffant ydych chi! Meddyliwch am ffyrdd i atgoffa'ch hun pam rydych chi'n gwneud hyn. Ydych chi'n cofio'ch rhestr 'manteision' ac 'anfanteision'? Gwnewch nodyn o'r holl resymau hynny dros newid eich arfer a chadwch y rhestr yn rhywle lle gallwch chi edrych arni'n rheolaidd. Gludwch hi ar gefn drws, ar ddrych yr ystafell ymolchi, ar yr oergell neu ar fonitor eich cyfrifiadur – rhywle lle byddwch chi'n cofio amdani sawl gwaith y dydd. **Ysgrifennwch eich nod ar ddarn o bapur a'i gadw i'ch atgoffa'ch hun.**

F – Gofalwch rhag i chi Faglu neu Fethu: cadwch lygad am yr 'adegau peryglus'

Bydd eich dyddiadur yn eich galluogi i gofnodi 'adegau peryglus' eich arfer. I Caio, yr adegau hynny oedd pan fyddai'n debygol o fod yn ddiflas neu'n hel meddyliau. **Byddwch ar eich gwyliadwriaeth ar yr adegau hyn.** Gorau i gyd os gallwch chi eu hosgoi, ond os na allwch, diffoddwch eich 'awtobeilot' – ceisiwch fod yn effro er mwyn dal eich hun cyn i'ch arfer gymryd drosodd. Ceisiwch adnabod yr ysfa i gyflawni'ch arfer cyn i chi ddechrau. Pan fyddwch yn teimlo'r ysfa, symudwch ymlaen at rywbeth arall.

Sylweddolodd Caio fod cadw'i ddwylo'n brysur pan oedd yn hel meddyliau neu'n pendwmpian yn fuddiol. Wrth wrando yn yr ysgol neu eistedd ar y bws byddai'n dal pêl straen yn ei ddwylo, ac roedd ei gwasgu'n ddewis amgen yn hytrach na sugno'i fawd. Weithiau allwn ni ddim rhagweld pryd y bydd y sefyllfaoedd sbardun hyn yn digwydd. Os yw'ch arfer yn dueddol o ddigwydd pan fyddwch chi wedi'ch cynhyrfu, allwch chi ddim bob amser ragweld hyn. Serch hynny, gallwch hyfforddi'ch hun i fod yn fwy ymwybodol o'r ffaith y byddwch yn debygol o lithro'n ôl i'ch arfer pan fyddwch wedi'ch cynhyrfu, a gallwch fod ar eich gwyliadwriaeth rhag llithro ar yr adegau hynny.

G – Gwobr!

Gofalwch wneud yn siŵr bod eich cynllun yn cynnwys **eich gwobrwyo'ch hun** wedi i chi gyflawni pob carreg filltir. Gall hyn fod yn rhywbeth bach blasus i'w fwyta (dim siocled, os mai'ch nod yw colli pwysau!), anrheg fach (oni bai mai'ch nod yw gwario llai!), gwylio ffilm neu ddarllen llyfr, bath poeth – unrhyw beth fydd yn teimlo fel peth braf i edrych ymlaen ato. Does dim rhaid iddo fod yn rhywbeth ysblennydd ond dylai fod yn faldodus – rhywbeth na fyddwch chi'n ei wneud bob dydd, neu y byddech chi'n ei wneud ta beth. Byddwch yn falch ohonoch eich hun, ond gwyliwch rhag bod yn hunanfeirniadol. Peidiwch â dweud wrthych chi'ch hun nad yw cyrraedd eich carreg filltir yn gamp oherwydd y dylech chi fod yn gwneud y peth iawn beth bynnag.

> **GAIR I GALL**
> Mae torri arferion yn anodd, felly dathlwch eich llwyddiannau wrth fynd ymlaen.

H – Hel meddyliau – cadwch lygad am feddyliau negyddol

Ydych chi'n cofio'r meddyliau y gwnaethon ni eu nodi fel rhai sydd o bosib yn eich dal chi'n ôl? Gwyliwch rhag ofn i'ch meddwl geisio'ch baglu â'r meddyliau hyn wrth i chi fynd ymlaen. Gallan nhw fod mor awtomatig â'r arfer ei hun. Fydd dweud wrthych chi'ch hun, 'Alla i byth wneud hyn. Mae'n rhy anodd. Dwi wedi methu o'r blaen' o ddim help i chi wrth i chi geisio cyrraedd eich nod. Byddwch yn fwy ymwybodol o'r meddyliau hyn. Wrth i chi sylwi eu bod nhw'n dechrau sleifio i mewn i'ch meddwl, gwthiwch nhw i ffwrdd. Yn hytrach, ceisiwch ddychmygu'ch hun yn newid eich arfer. Sut fyddwch chi'n edrych ar ôl i chi lwyddo? Dychmygwch yr ewinedd siapus, atyniadol fydd gennych chi, neu weld eich partner yn gwenu wrth arogli eich persawr neu'ch sebon siafio, yn lle arogl mwg. I Gwawr, roedd dweud wrthi'i hun, 'Dwi ddim yn smygwraig' o gymorth iddi – ysgrifennodd hynny ar glawr ei dyddiadur gwaith a byddai'n edrych arno ac yn ei ailadrodd bob tro y byddai'n teimlo bod ei hen arfer yn ceisio'i maglu hi eto.

I – Iawn i gefnogi?

Gofynnwch i bobl o'ch cwmpas (y rhai y gallwch chi ymddiried ynddyn nhw i fod yn gefnogol) am help i hybu'ch ymdrechion. Cytunwch ymlaen llaw beth fyddan nhw'n ei wneud (neu ddim yn ei wneud). Efallai y gallan nhw dynnu'ch sylw at rywbeth rydych chi'n ei wneud yn ddiarwybod i chi'ch hun. Efallai y gallan nhw helpu gyda'r gwobrau fydd yn dilyn pob llwyddiant. Fodd bynnag, cadwch lygad am broblemau all godi. Does dim pwynt gofyn i rywun ddweud wrthych eich bod yn pigo'ch croen os ydych chi'n mynd i weiddi arno am wneud hynny.

J – Jyglo

Gadewch i arferion gwell gymryd lle'r rhai gwael. Chwiliwch am rywbeth arall i'w wneud â'ch dwylo yn lle pigo, crafu neu dynnu. Ceisiwch fwyta neu yfed rhywbeth gwahanol. Gall cyflwyno arfer arall yn lle arfer penodol fod yn dipyn haws na gwneud dim.

ASTUDIAETH ACHOS – Emyr

Mae Emyr yn yfed gormod. Dydy e ddim yn gaeth i alcohol, ond weithiau mae'n teimlo ei fod o fewn trwch blewyn i hynny. Mae'n yfed bron bob nos, ac ar adegau mae e wedi teimlo'n llai nag effro ben bore trannoeth yn dilyn 'noson drom' y noson cynt. Mae'n gweithio ar safle adeiladu, ac o bryd i'w gilydd mae ei fòs wedi codi pryderon am ddiogelwch pan mae ganddo ben mawr.

Mae ei gariad yn poeni ei fod yn yfed gormod, ac mae ei feddyg teulu wedi dweud wrtho ei fod yn yfed mwy na'r hyn sy'n cael ei argymell ar gyfer dyn o'i oedran ef.

Mae Emyr hefyd ychydig dros ei bwysau, ac wrth geisio colli pwysau mae'n ymwybodol mai'r alcohol sy'n bennaf gyfrifol am y mwyafrif o'r caloriau ychwanegol. Mae Emyr yn penderfynu ei fod am yfed llai, ac er mwyn ei helpu i wneud y newid mae'n gweithio trwy'r ymarfer manteision ac anfanteision gyda'i gariad. Mae'n cydnabod fod arno ofn colli'i fywyd cymdeithasol ac ambell ffrind os bydd yn rhoi'r gorau i yfed. Mae'n credu y byddai rhai o'i ffrindiau'n chwerthin am ei ben neu'n ei wawdio am roi'r gorau iddi. Mae'n pwyso a mesur ei feddyliau ynglŷn â hyn, ac yna'n rhoi prawf arnyn nhw drwy siarad gyda rhai o'i ffrindiau.

Mewn gwirionedd, mae'r mwyafrif yn llawer mwy cefnogol nag roedd e wedi'i ddisgwyl. Dim ond un sy'n ddilornus, ac oherwydd hynny mae Emyr yn sylweddoli bod ganddo lai o feddwl o'r ffrind hwnnw. Mae un ffrind hyd yn oed yn cynnig helpu Emyr trwy wneud pethau cymdeithasol eraill yn hytrach na mynd i'r dafarn. Mae Emyr yn cadw dyddiadur o'i yfed. Mae'n nodi ei fod yn yfed mwy pan fydd e dan straen neu pan mae e gyda phobl neilltuol. Mae'n penderfynu y byddai'n fuddiol dod o hyd i ffyrdd eraill i leddfu'r straen, a threfnu i weld pobl gyda'u partneriaid yn bresennol oherwydd byddai hynny'n help iddo gyfyngu ar ei yfed.

Mae Emyr yn gosod dyddiad ar gyfer torri i lawr ar ei yfed ac yn sôn am y cynllun wrth ei ffrindiau agos. Mae e hefyd yn penderfynu ar ei darged o safbwynt nifer yr unedau bob wythnos. Mae ei gariad ac yntau'n trefnu tripiau a gwobrwyon bach ar gyfer pob tro y bydd yn cyrraedd carreg filltir benodol. Mae'n osgoi ei 'adegau peryglus' ac yn mynd allan i redeg yn amlach, am ei fod wedi sylweddoli eisoes bod hynny'n help i leddfu ei straen.

Ar ôl ychydig wythnosau, mae Emyr wedi cyfyngu ei yfed i lefel lawer mwy synhwyrol a haws cadw ati. Mae'n dal i fwynhau mynd allan gyda'r bois o'r gwaith, ond mae'n gwneud hynny'n llai aml, ac yn darganfod nad yw am yfed cymaint ag yr arferai ei wneud yn eu cwmni. Mae Emyr wedi sefydlu arfer newydd.

Delio â methiannau neu lithriadau

Anaml iawn y byddwn ni'n llwyddo'n syth bìn wrth dorri hen arferion neu gyflwyno rhai newydd. Mae methiannau'n anochel, ac mae'n bwysig sylweddoli hynny o'r dechrau. Pan fyddwch wedi methu, gallwch gael eich temtio i fod yn gandryll â chi'ch hun neu i deimlo'n anobeithiol – a hyd yn oed i feddwl nad ydych chi'n abl i gyflawni'r her. Gall y ddau ymateb beri i chi fod yn barod i roi'r ffidil yn y to. Ceisiwch beidio â gwneud hynny rhag ofn i chi roi eich hun yn ôl ar ddechrau'r daith. Dyw un methiant ddim yn dileu'r holl ddysgu a'r cyflawni a ddigwyddodd ynghynt – mae'r rheiny'n dal i fod. Cofiwch beth rydych chi wedi llwyddo i'w wneud hyd yma, waeth pa mor fach yw e, a dechreuwch eto. Meddyliwch am yr hyn a achosodd y methiant. Nodwch eich meddyliau a'ch teimladau ynglŷn ag ef a dysgwch oddi wrthyn nhw. Sut allwch chi ymgorffori'r wybodaeth hon yn eich cynllun i wneud methu eto yn llai tebygol? Dim ond os na ddysgwch chi oddi wrthyn nhw mae methiannau'n broblem.

GAIR I GALL

Mae methiannau'n anochel – ond, o ystyried yr hyn rydych chi wedi'i ddysgu a'i gyflawni'n barod, dydych chi byth yn ôl yn y dechrau'n deg. Adeiladwch ar hyn. Defnyddiwch fethiannau fel cyfle i ddysgu mwy am sut i newid eich arfer, ac i gynnal y newid am ychydig mwy o amser ... tan y tro nesaf! Yna ewch yn ôl i ddechrau'r paragraff hwn!

6. Mynd i'r afael ag iselder

Carchar yw iselder, ac yn y carchar hwnnw chi yw'r carcharor sy'n dioddef a'r ceidwad creulon.
Dorothy Rowe

'Iselder' yw'r gair rydyn ni'n ei ddefnyddio'n aml yn ein hiaith bob dydd i ddisgrifio'n hwyliau pan fyddwn yn teimlo'n isel, yn ddiflas neu ddim ar ein gorau'n gyffredinol. Fodd bynnag, i'r rhai sy'n profi gwir iselder, mae'n gwbl wahanol. Os ydych chi'n isel, gall y ffordd rydych chi'n gweld ac yn profi'r byd newid y tu hwnt i bob adnabyddiaeth. Bydd cwblhau tasgau syml yn teimlo fel dringo Everest, a gall yr anawsterau lleiaf deimlo fel diwedd y byd. Mae pobl wedi disgrifio'r profiad o fod yn isel fel 'straffaglu trwy driog' neu fel gweld y byd trwy sbectol dywyll, lle mae lliwiau'n troi'n arlliwiau o lwyd. Disgrifiodd Winston Churchill ei iselder fel ci du anferth oedd yn ei ddilyn i bob man, ac yn ei lethu.

Mae pawb yn teimlo'n isel o bryd i'w gilydd – mae'n gwbl normal. Gellir dadlau bod y ffordd rydyn ni'n profi amrediad o emosiynau mewn ymateb i ddigwyddiadau bywyd yn rhan o'r hyn sy'n ein gwneud ni'n ddynol. Mae teimlo'n drist fel ymateb i golledion neu siomedigaethau, neu am ein bod yn cael 'diwrnod gwael', yn rhywbeth rydyn ni i gyd yn ei brofi ac, fel arfer, yn ei dderbyn. Gan amlaf, pan fyddwn ni'n teimlo fel hyn gallwn ddeall yn fras beth yw'r rheswm drosto. Ar y cyfan, hefyd, bydd y teimlad yn pasio'n gyflym, neu byddwn yn gwneud rhywbeth i godi'n calon. Mae'n bwysig peidio â labelu tristwch naturiol fel rhywbeth sydd rywsut yn batholegol.

I rai pobl, fodd bynnag, mae iselder yn para am wythnosau, misoedd a hyd yn oed flynyddoedd heb fawr o ryddhad. Gall symptomau trallodus eraill ddod yn ei sgil, er enghraifft newidiadau ym mhatrymau archwaeth am fwyd a chwsg, lludded, gwynegon a phoenau corfforol, teimladau o fod yn ddi-werth, yn anobeithiol ac o fod ar wahân i bobl eraill. Mae astudiaethau'n awgrymu y bydd 1 o bob 5 ohonon ni'n profi iselder ar ryw adeg yn ein bywyd. Yn aml, mae'r profiad o iselder yn dod ag emosiynau anodd eraill yn ei sgil, fel euogrwydd, cywilydd neu ddicter.

Symptomau iselder

Ydych chi'n gyfarwydd â rhai o'r rhain?

- Hwyliau isel sy'n para am amser hir
- Meddyliau o anobaith a'ch bod yn ddi-werth
- Newidiadau yn eich archwaeth am fwyd – bwyta gormod neu ddim digon

- Newidiadau yn eich patrwm cysgu – cysgu gormod neu ddim digon
- Blinder a lludded
- Gwynegon a phoenau corfforol
- Aflonyddwch neu gynnwrf
- Teimlo wedi arafu'n gorfforol
- Meddyliau ynghylch hunan-niwed neu hyd yn oed hunanladdiad
- Anawsterau gyda chanolbwyntio, cofio a thalu sylw.

Mae'n ddarlun digon tywyll. Serch hynny, mae rhywfaint o newyddion da yn yr holl dywyllwch yma. Rydyn ni bellach yn adnabod ac yn deall iselder lawer yn well nag roedden ni ychydig flynyddoedd yn ôl. Mae'r stigma sy'n gysylltiedig ag iselder a phroblemau iechyd meddwl eraill yn araf leihau. Mae dioddefwyr yn aml yn teimlo'n fwy abl i siarad am eu profiadau, ac i rannu eu treialon a'u strategaethau ymdopi. Fe lwyddodd yr ymgyrch ddiweddar 'Amser i Newid' i dynnu sylw at bwysigrwydd herio'r stigma sy'n gysylltiedig â phroblemau iechyd meddwl, fel iselder. Defnyddiwyd hanesion enwogion fel Stephen Fry, Alastair Campbell a Ruby Wax i ddangos bod **iselder yn gallu digwydd, ac yn digwydd, i unrhyw un**. Ond y newyddion gorau oll yw bod triniaethau profedig sydd wedi helpu miliynau o bobl ledled y byd bellach ar gael. Mae'r rhain yn cynnwys meddyginiaeth, therapïau siarad o bob math, therapïau cyflenwol neu amgen, a gweithgareddau cymunedol neu gymdeithasol. Mae CBT yn un o'r dulliau sy'n cael eu defnyddio i helpu pobl ag iselder i wella, ac mae tystiolaeth yn dangos ei fod yn un o'r rhai mwyaf effeithiol.

Pryd mae hwyliau isel 'normal' yn troi'n iselder?

Pan fyddwch chi'n profi digwyddiad anodd mewn bywyd, fel profedigaeth neu ryw golled arall, fel colli'ch swydd, dydy teimlo'n ddi-hwyl ddim yn anarferol. Gall y teimladau hyn bara am beth amser, gan ei gwneud yn anodd penderfynu beth sy'n 'normal' mewn sefyllfa o'r fath. Yn aml, yr hyn sy'n angenrheidiol yw amser, cefnogaeth a gofal gan y rhai sy'n agos atoch chi. Mae'r mwyafrif ohonon ni'n goresgyn anawsterau o'r fath ymhen amser. Fodd bynnag, yn achos rhai, gall digwyddiadau fel hyn sbarduno iselder dyfnach a mwy hirhoedlog. Gan amlaf rydych chi'n cael eich ystyried yn isel ac arnoch angen help os ydych chi wedi dioddef symptomau iselder bron bob dydd, dros gyfnod o nifer o wythnosau.

Gall y cwestiynau canlynol fod o gymorth i chi benderfynu a ydych chi'n profi iselder ai peidio. Meddyliwch sut rydych chi wedi bod yn teimlo dros y pythefnos diwethaf. Ydych chi wedi profi rhai o'r pethau canlynol yn rheolaidd:

- Teimlo'n drist neu'n biwis?
- Diffyg diddordeb yn y pethau roeddech chi gynt yn eu mwynhau?
- Teimlo'n euog neu deimlo'n ddiflas amdanoch chi'ch hun?
- Yn methu canolbwyntio, cofio pethau na gwneud penderfyniadau?
- Newidiadau yn eich pwysau neu yn eich archwaeth am fwyd?
- Newidiadau yn eich patrwm cysgu?
- Lludded neu ddiffyg egni?
- Teimlad o aflonyddwch neu leihad mewn gweithgarwch y mae pobl eraill wedi sylwi arno?
- Teimlo bod eich sefyllfa'n anobeithiol neu eich bod yn ddi-werth?
- Meddyliau ynghylch marwolaeth neu hunanladdiad?

Os ydych chi wedi profi mwy na 5 o'r symptomau hyn bron bob dydd dros y pythefnos diwethaf, yna gallech fod yn dioddef o iselder. Os ydych chi'n meddwl hynny, byddai'n syniad da mynd i weld y meddyg a thrafod opsiynau ar gyfer triniaeth. Gall hunangymorth, gan ddefnyddio'r syniadau sy'n cael eu hawgrymu yn y llyfr hwn, fod yn rhan bwysig o'r driniaeth – ond dylid ei wneud ar y cyd â help proffesiynol.

Meddyliau neu syniadau am hunanladdiad

Gall fod yn brofiad brawychus iawn os ydych chi, neu rywun agos, yn cael meddyliau ynglŷn â hunanladdiad neu hunan-niwed. Anaml iawn y byddwn ni'n siarad am y pethau hyn, ond maen nhw lawer yn fwy cyffredin nag y byddech chi'n ei feddwl. Yn ystod cyfnodau gwael mae llawer ohonon ni, o bosib, wedi dymuno cael mynd i gysgu a pheidio byth â deffro, neu ddifaru ein bod ni erioed wedi'n geni. Ond mae gwahaniaeth mawr rhwng cael y math yma o feddyliau a chreu cynllun i'ch niweidio'ch hun. Os ydy'ch meddyliau'n dechrau troi'n gynlluniau, mae hynny'n arwydd clir bod angen help proffesiynol arnoch chi. Mewn argyfwng, gall eich meddyg teulu neu'r adran damweiniau ac achosion brys mewn ysbyty fod yn llefydd da i ddechrau dod o hyd i help. Mae ymchwil yn dangos bod cysylltiad rhwng iselder a newidiadau cemegol yn yr ymennydd, gan ei gwneud yn anodd i chi feddwl mewn ffordd glir, gadarnhaol neu iach. Mae'n hynod bwysig i bob un ohonon ni gael pob help a chefnogaeth bosib ar adegau o argyfwng, a pheidio â gweithredu ar ein meddyliau isel.

Sut gall CBT ein helpu i ddeall hwyliau isel ac iselder

Os ydych chi wedi bod yn dioddef iselder, mae'n debyg y byddwch yn gweld sut gall model 'pum maes' CBT eich helpu i ddeall beth sy'n digwydd i chi. Dyma enghraifft o hyn:

Sbardun
Colli swydd

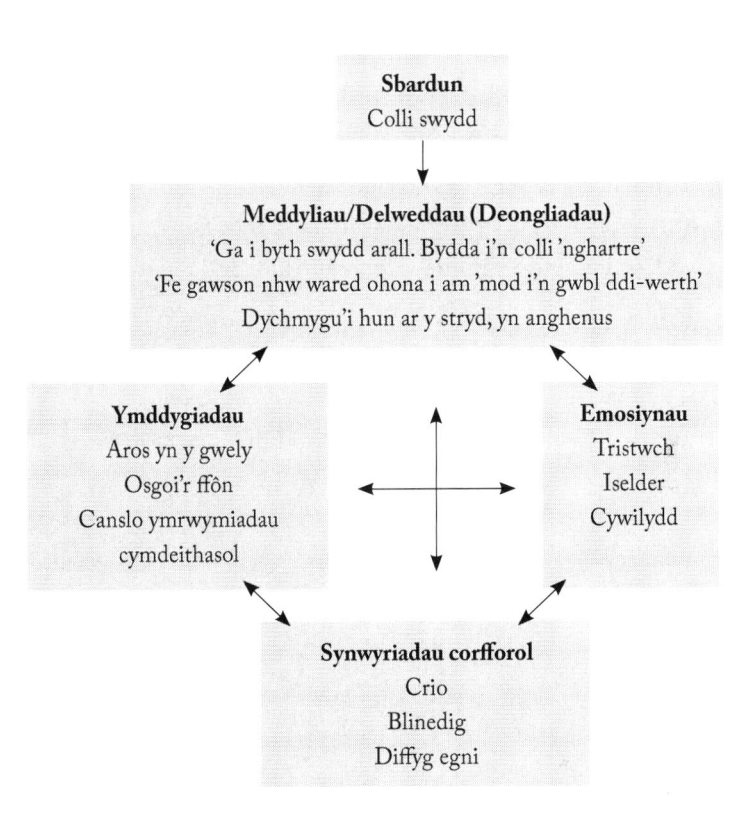

Meddyliau/Delweddau (Deongliadau)
'Ga i byth swydd arall. Bydda i'n colli 'nghartre'
'Fe gawson nhw wared ohona i am 'mod i'n gwbl ddi-werth'
Dychmygu'i hun ar y stryd, yn anghenus

Ymddygiadau
Aros yn y gwely
Osgoi'r ffôn
Canslo ymrwymiadau cymdeithasol

Emosiynau
Tristwch
Iselder
Cywilydd

Synwyriadau corfforol
Crio
Blinedig
Diffyg egni

Model 'pum maes' CBT

ASTUDIAETH ACHOS – Gwenno

Mae Gwenno'n cael ei diswyddo. Mae'r cwmni mewn trafferthion, ac am mai Gwenno oedd yr olaf i gael ei chyflogi mae'n hawdd iddyn nhw gael gwared ohoni.

Fodd bynnag, mae Gwenno wastad wedi dioddef o ddiffyg hunan-werth ac wedi poeni erioed nad yw ei gwaith hi'n ddigon da. Mae hyn yn deillio'n ôl i'r bwlio a ddioddefodd yn yr ysgol. Fe wnaeth colli'i swydd ailgynnau'r teimladau nad oedd hi'n digon da, ac mae'n dweud wrthi'i hun bod y cwmni wedi bod yn chwilio am unrhyw esgus i gael gwared ohoni. Mae'n teimlo cywilydd, ac yn dewis peidio â siarad â ffrindiau a theulu am y peth gan ei bod yn siŵr y byddan nhw'n cytuno â'r hyn mae hi'n ei feddwl, ac yn ei beirniadu. Mae hyn yn golygu nad yw hi'n clywed unrhyw safbwyntiau eraill ynghylch ei phroblemau a'i bod yn ei chael hi'n amhosib gweld unrhyw ddeongliadau eraill o'r hyn sy'n digwydd. Mae Gwenno'n teimlo wedi ymlâdd ac yn gwbl ddiegni; mae'n rhoi'r gorau i fynd allan ac yn treulio llawer o amser yn y gwely ar ei phen ei hun, yn hel meddyliau negyddol. Ar y dechrau, roedd osgoi pobl a digwyddiadau cymdeithasol yn dipyn o ryddhad. Fodd bynnag, dros amser, yn hytrach na theimlo'r blinder yn codi, mae Gwenno'n dechrau teimlo llai a llai o ysgogiad, mae'n fwy swrth a blinedig nag erioed, ac mae ei hwyliau'n gwaethygu.

Beth sy'n achosi iselder?

Nid dim ond un peth penodol sy'n achosi iselder. Mae pobl yn sôn am iselder fel 'anghydbwysedd cemegol' yn yr ymennydd, ac mae ymchwil yn dangos bod rhai cemegau ymenyddol yn newid mewn pobl sy'n dioddef iselder. I'r mwyafrif o bobl, fodd bynnag, cymysgedd cymhleth o ffactorau biolegol (cemegol), seicolegol (meddwl a theimlo) a chymdeithasol (bywyd) yw iselder.

Mae CBT yn awgrymu y gall rhai profiadau a digwyddiadau sy'n digwydd yn gynnar yn ein bywydau (fel trawma yn ystod plentyndod, colledion cynnar, profedigaeth neu fwlio) ein gwneud ni'n fwy agored i ddatblygu iselder yn ddiweddarach. Mae hyn oherwydd bod profiadau o'r fath yn ein harwain i ddatblygu credoau negyddol sylfaenol amdanon ni'n hunain, am bobl eraill, ac am y ffordd mae'r byd yn gweithio. Gadewch i ni edrych ar sut y gallai iselder Gwenno fod wedi datblygu.

Profiadau cynnar:
Cael ei bwlio yn yr ysgol. Plant eraill yn chwerthin am ei phen.
Dim cefnogaeth o unrhyw werth gan ei rhieni – dweud wrthi ei bod yn 'wan' ac y dylai 'anwybyddu'r holl beth'.

▼

Credoau negyddol:
Dwi'n wan ac yn methu gofalu amdanaf fy hun.
Dwi'n ddi-glem.
Mae pobl eraill yn siŵr o 'mrifo i.
Dydy'r byd ddim yn deg.

▼

Strategaethau i reoli'r credoau negyddol:
Mae Gwenno'n osgoi closio at bobl. Mae hi'n gosod

safonau gwirioneddol uchel iddi'i hun ac yn gweithio'n galetach i sicrhau na fydd pobl yn sylweddoli ei bod hi'n ddi-glem.

▼

Sbardun i gredoau negyddol:
Colli'i swydd. Dechreuodd credoau negyddol gwaelodol Gwenno ddatblygu pan oedd hi'n ifanc iawn. Serch hynny, tan nawr roedd hi wedi ymdopi trwy ddefnyddio strategaethau i guddio rhag eraill yr hyn y credai ei fod yn analluogrwydd ar ei rhan hi. Cododd y broblem pan gafodd y credoau negyddol eu sbarduno yn sgil colli ei swydd, gan arwain at gyfres o ddeongliadau negyddol o'i sefyllfa. Yn ddiweddarach, arweiniodd hyn at y cylch cythreulig o feddyliau, emosiynau, teimladau corfforol ac ymddygiadau y buon ni'n edrych arnyn nhw uchod.

Sut gall CBT eich helpu i fynd i'r afael ag iselder neu hwyliau isel

Gall y syniadau canlynol eich helpu i wella'ch hwyliau, p'un a ydych chi'n dioddef iselder hirdymor, neu ddim ond yn cael diwrnod gwael. Ond cofiwch, mae'n bwysig iawn gofyn am help os yw pethau'n ormod i chi ymdopi â nhw ar eich pen eich hun.

Mae help ardderchog ar gael. Mae Pennod 9 yn rhoi gwybodaeth i chi ynghylch ble i gael yr help hwnnw.

> **COFIWCH HYN**
>
> Mae iselder yn hynod o gyffredin a dydy dioddefwyr ddim ar eu pen eu hunain. Gofynnwch am help os ydy'ch iselder yn ddifrifol, os ydych yn ei chael hi'n amhosib dechrau teimlo'n well, neu os ydych chi'n meddwl am roi terfyn ar eich bywyd.

Cam 1: byddwch yn brysur!

RHOWCH GYNNIG ARNI

Gwnewch arbrawf:

Sut fyddech chi'n sgorio'ch hwyliau yr eiliad hon, gan roi sgôr o rhwng 0 a 10, gyda 0 ddim yn isel o gwbl a 10 y mwyaf isel rydych chi wedi'i deimlo erioed? Iawn, gwnewch nodyn o hynny. Pan fyddwn ni'n teimlo'n isel, does dim awydd arnon ni wneud dim byd. Yn aml rydyn ni'n teimlo'n rhy brin o egni i godi o'r gwely hyd yn oed. Fodd bynnag, os ydych chi wedi rhoi sgôr o 1 neu ragor, dyma'r arbrawf: ewch allan am dro am 5 munud, yr eiliad hon. Ie, hyd yn oed os ydy hi'n bwrw glaw! Wnewch chi ddim toddi ... na boddi ... mewn 5 munud!

Wrth gerdded, meddyliwch am osgo'ch corff. Cadwch eich pen yn uchel a'ch cefn yn syth. Edrychwch o'ch cwmpas. Sylwch ar eich amgylchedd, gan gynnwys unrhyw bobl. Beth allwch chi ei weld, ei glywed a'i arogli? Ceisiwch ddal llygad pwy bynnag welwch chi, a gwenwch arnyn nhw, hyd yn oed os nad ydych chi'n teimlo fel gwneud. Os teimlwch eich bod yn cael eich baglu gan feddyliau negyddol fel 'Alla i ddim gwneud hyn' neu 'Dwi mor flinedig', ceisiwch droi'ch sylw'n ôl at bopeth o'ch cwmpas. Cerddwch ychydig yn gyflymach nag ydych chi'n teimlo fel gwneud ...

Ar ôl 5 munud, rhowch sgôr i'ch hwyliau eto. Sut maen nhw erbyn hyn? Sut fydden nhw wedi bod petaech chi wedi treulio'r amser yn eistedd ar eich pen eich hun, yn pendroni dros eich hwyliau isel? Mae'n debyg y gwelwch chi fod eich hwyliau wedi gwella rhywfaint, neu o leiaf fyddan nhw ddim wedi gwaethygu, fel y bydden nhw o bosib petaech chi ddim wedi codi a symud.

OS COFIWCH CHI UN PETH

Pan fyddwn ni'n isel ein hysbryd, rydyn ni'n ddigon naturiol yn stopio gwneud y pethau rydyn ni fel arfer yn eu mwynhau am nad ydyn ni'n teimlo fel eu gwneud nhw. Ond lleia'n y byd wnawn ni, lleia'n y byd fyddwn ni'n teimlo fel ei wneud. O ganlyniad rydyn ni'n teimlo'n waeth. Felly rydyn ni'n gwneud llai fyth, ac yn teimlo'n waeth fyth – ac i lawr y droell gythreulig â ni.

Dyma egwyddor sylfaenol CBT ar gyfer hwyliau isel. Mae angen i ni edrych ar batrwm ein gweithgarwch, gan ailddechrau gwneud y pethau rydyn ni wedi stopio eu gwneud neu'r pethau rydyn ni'n eu hosgoi. Weithiau gall hyn olygu llawer o ymdrech – efallai na fyddwn ni bellach yn mwynhau'r pethau roedden ni'n eu mwynhau gynt, a gall pethau syml sugno mwy o'n hegni nag o'r blaen.

Gadewch i ni edrych ar beth sy'n digwydd i Gwenno pan mae ei hwyliau'n gwaethygu a hithau'n stopio gwneud pethau:

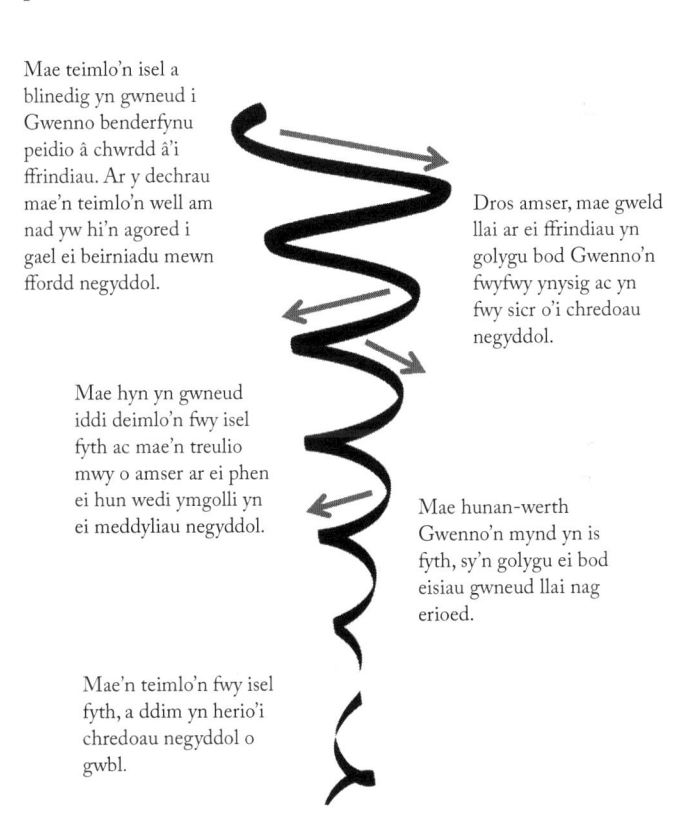

Mae teimlo'n isel a blinedig yn gwneud i Gwenno benderfynu peidio â chwrdd â'i ffrindiau. Ar y dechrau mae'n teimlo'n well am nad yw hi'n agored i gael ei beirniadu mewn ffordd negyddol.

Dros amser, mae gweld llai ar ei ffrindiau yn golygu bod Gwenno'n fwyfwy ynysig ac yn fwy sicr o'i chredoau negyddol.

Mae hyn yn gwneud iddi deimlo'n fwy isel fyth ac mae'n treulio mwy o amser ar ei phen ei hun wedi ymgolli yn ei meddyliau negyddol.

Mae hunan-werth Gwenno'n mynd yn is fyth, sy'n golygu ei bod eisiau gwneud llai nag erioed.

Mae'n teimlo'n fwy isel fyth, a ddim yn herio'i chredoau negyddol o gwbl.

Gallwch weld sut mae Gwenno'n cael ei dal mewn troell negyddol o feddyliau ac ymddygiadau sy'n cynnal a gwaethygu ei hwyliau isel. Mae Gwenno'n wirioneddol sownd!

Defnyddio ysgogiad ymddygiadol

Felly, sut mae mynd ati i dorri'r droell ddisgynnol hon? Mae'r ateb yn eithaf syml – trwy ddechrau gwneud mwy. Hawdd dweud, efallai, ond mae gwneud yn llawer mwy anodd. Fodd bynnag, os ewch chi ati mewn ffordd araf a strwythuredig fe allwch chi, yn raddol, ddechrau gwrthdroi cyfeiriad y droell at i fyny yn hytrach nag at i lawr. Am ychydig ddyddiau, rhowch gynnig ar fonitro'ch gweithgarwch a'ch hwyliau. Defnyddiwch yr un sgôr hwyliau o 0–10 ag o'r blaen. Ond arhoswch funud …

Fe aethoch chi allan am y dro 5 munud yna, on'd do fe? Os naddo, beth am wneud hynny nawr cyn mynd gam ymhellach? Bwriad yr arbrawf yw dangos sut gallwch wrthdroi'r droell – ond wnaiff hynny ddim digwydd os na fyddwch chi'n gwneud yr ymdrech. Ffwrdd â chi! Y funud 'ma!

Iawn – ymlaen â'r ymarfer nesaf …

RHOWCH GYNNIG ARNI

Lluniwch ddyddiadur gweithgarwch tebyg i un Gwenno. Mae Gwenno'n sgorio ei hwyliau am bob cyfnod o'r dydd (gyda 0 yn golygu nad yw hi'n isel ei hysbryd o gwbl, a 5 yn golygu y gwaethaf mae hi wedi'i deimlo erioed), y pleser gaiff hi o'r gweithgaredd mae'n ei wneud a'r ymdeimlad o gyflawniad mae'n ei gael ohono (eto, gyda 0 yn golygu dim o gwbl a 5 y gwaethaf mae hi wedi'i deimlo erioed).

Dydd Llun		
Bore	Codi, cawod, gwisgo, brecwast	Hwyliau 4/5 Pleser 0/5 Cyflawniad 1/5
Cinio	Cinio a siopa gyda ffrind	Hwyliau 1/5 Pleser 4/5 Cyflawniad 1/5
Prynhawn	Gwaith tŷ, golchi	Hwyliau 3/5 Pleser 1/5 Cyflawniad 4/5
Min nos	Mynd â'r ci am dro	Hwyliau 2/5 Pleser 3/5 Cyflawniad 4/5
Swper	Ddim eisiau bwyd – cael byrbryd	Hwyliau 3/5 Pleser 2/5 Cyflawniad 0/5
Gyda'r nos, yn hwyrach	Gorffen pos jig-so	Hwyliau 2/5 Pleser 4/5 Cyflawniad 5/5

Rhowch gynnig ar gadw dyddiadur tebyg am wythnos. Gall yr ymarfer hwn – er ei fod yn edrych fel tipyn o waith – roi llawer o wybodaeth fuddiol iawn i chi am eich hwyliau.

Ar ôl ychydig ddyddiau, edrychwch ar eich dyddiadur. Ar beth ydych chi'n sylwi? Hyd yn oed pan fydd rhywun yn isel, mae'r rhan fwyaf o bobl yn sylwi bod eu hwyliau'n amrywio ar wahanol adegau o'r dydd ac wrth wneud gwahanol weithgareddau. Rydyn ni hefyd yn ymwybodol bod gweithgareddau sy'n rhoi pleser i ni, neu sy'n defnyddio'n sgiliau, yn bwysig am eu bod yn ein helpu i gynnal hwyliau gwell.

Y cam nesaf yw dechrau cynllunio i gynnwys gweithgareddau. Defnyddiwch ddalen y dyddiadur eto. Cynlluniwch beth rydych chi'n mynd i'w wneud bob dydd. Gwnewch yn siŵr fod rhai o'ch gweithgareddau dyddiol yn rhoi pleser ac ymdeimlad o gyflawniad i chi. Fe allan nhw fod yn bethau bach – cael bath, gwylio hoff raglen deledu neu gwblhau rhyw dasg fechan roeddech chi wedi bwriadu'i gwneud ers tro byd. Bydd cynllunio a chofnodi'ch strwythur ar gyfer pob dydd yn help i chi lynu ato, gan ganiatáu i chi fonitro'ch hwyliau a gweld sut mae cynyddu'ch gweithgaredd yn effeithio arnyn nhw.

Y rheol 5 munud

Pan fyddwch chi'n teimlo'n wironeddol isel a swrth, heb owns o egni, gall fod yn anodd meddwl am symud. Mae'n amhosib dychmygu gwneud unrhyw beth. Yn aml, gallwn lethu'n hunain wrth feddwl am bopeth sydd angen i ni ei wneud ar unwaith. Yna rydyn ni'n dechrau teimlo'n orbryderus ac yn aml yn penderfynu nad oes unrhyw ddiben dechrau hyd yn oed. Defnyddiwch y 'rheol 5 munud'. Gwnewch rywbeth am ddim ond 5 munud. Peidiwch â chanolbwyntio ymhellach na 5 munud. Perswadiwch eich hun i wneud yr un peth bach hwn – yna llongyfarchwch eich hun am ei wneud. Cofiwch fod hyd yn oed 5 munud yn well na dim, a phan fyddwch yn teimlo'n isel gall fod yn gyfwerth ag awr o weithgaredd pan ydych chi mewn hwyliau da. Ar ddiwedd y 5 munud, cewch weld sut byddwch chi'n teimlo.

Dewch i ni weld sut mae ysgogiad ymddygiadol yn helpu Gwenno. Dechreuwch o waelod y droell a dilyn y saethau i fyny.

Mae Gwenno'n dechrau sylweddoli bod yna wahanol ffyrdd o edrych ar ei sefyllfa a bod gwneud mwy yn peri iddi deimlo'n well.

Mae hyn yn gwneud i Gwenno deimlo mewn mwy o reolaeth, a hyd yn oed yn fwy cadarnhaol. Mae'n torri ar draws ei meddyliau negyddol.

Pan mae ei ffrind yn cytuno, mae Gwenno'n teimlo fymryn bach yn fwy cadarnhaol.

Mae Gwenno'n trefnu i gwrdd â'i ffrind am goffi, ac yna'n awgrymu cael cinio a gwneud ychydig o siopa.

Mae gwneud yr alwad hon yn rhoi ymdeimlad o gyflawniad iddi. Mae siarad â'i ffrind yn haws nag roedd hi wedi'i feddwl.

Mae Gwenno'n dechrau monitro ei gweithgaredd, ac yn cynllunio i ffonio ffrind am sgwrs.

Gallwn weld sut mae Gwenno'n raddol yn dechrau teimlo'n well ac yn fwy gweithgar. Wrth i hyn ddigwydd, mae ei hwyliau'n gwella a'r droell ddisgynnol yn cael ei gwrthdroi.

> **GAIR I GALL**
> Gall newidiadau bach, graddol yn eich gweithgareddau roi hwb i'ch hwyliau. Rhannwch bethau'n gamau bach – peidiwch â disgwyl gormod gennych chi'ch hun yn rhy fuan.

Cam 2: herio meddyliau negyddol

Mae ymchwil yn dangos i ni bod dull pobl o feddwl yn newid pan fyddan nhw'n isel eu hysbryd. Mae arbrofion sy'n cymharu meddwl person sydd ag iselder a'r person cyffredin yn dangos ein bod yn tueddu i weld y byd â gogwydd negyddol pan fyddwn ni'n isel. Gwelwn ddigwyddiadau a chanlyniadau negyddol fel ein bai ni, gan anwybyddu canlyniadau cadarnhaol neu briodoli'r ffaith iddyn nhw ddigwydd i bobl eraill neu i siawns. Pan fyddwn ni'n isel, rydyn ni fel pe baen ni'n gwisgo sbectol dywyll ac yn gweld dim byd ond tywyllwch. Mae tuedd i feddyliau negyddol ddigwydd yn awtomatig pan fydd ein hwyliau ni'n isel; dydyn ni ddim hyd yn oed yn sylwi eu bod nhw yno. Mewn gwirionedd, dydy hyn ddim yn syndod gan fod natur besimistaidd y meddyliau mewn cytgord perffaith â'n hwyliau isel. Felly, mae popeth yn ffitio i'w gilydd, sy'n golygu nad ydyn ni'n aml yn ymwybodol o'n meddyliau nac yn gallu herio eu cywirdeb. Yn lle hynny, y peth cyntaf rydyn ni'n ymwybodol ohono yw ein bod ni'n isel ein hysbryd. Y cam cyntaf i newid pethau yw gallu adnabod y meddyliau hyn yn well. Y tro nesaf y byddwch chi'n teimlo'n isel, gofynnwch i chi'ch hun 'beth oedd yn mynd trwy fy meddwl i ychydig cyn hyn?' Pan ddechreuwch chi chwilio, fe welwch fod y meddyliau negyddol yno – y cwbl sydd raid i chi ei wneud yw eu hadnabod nhw.

Mathau cyffredin o feddyliau anghytbwys mewn iselder

Gall ein dull o feddwl gael ei wyrdroi mewn pob math o ffyrdd pan fyddwn ni mewn hwyliau isel. Gadewch i ni feddwl am rai ohonyn nhw.

Hidlydd meddyliol

Fe ddywedodd y bòs 'mod i heb gael yr adroddiad yna'n iawn – dwi'n dda i ddim.

Pan fyddwn ni'n isel, rydyn ni'n tueddu i sylwi ar a phwysleisio'r pethau sy'n cyd-fynd â'r farn negyddol sydd gennym amdanon ni'n hunain, pobl eraill neu'r byd o'n cwmpas. Rydyn ni'n anwybyddu'r ffaith i'n pennaeth hefyd ddweud ein bod wedi gwneud yn dda iawn mewn prosiect arall, neu ein bod wedi derbyn gwobr am ein

gwaith y llynedd – rydyn ni'n canolbwyntio ar y pethau
sy'n cyd-fynd â'n barn sydd wedi'i chamliwio gan iselder,
yn ddall i unrhyw beth mwy cytbwys neu gadarnhaol.
Fyddai casgliadau sy'n seiliedig ar ddim ond hanner y
dystiolaeth ddim yn dderbyniol mewn llys barn!

Gorgyffredinoli

Dydw i byth yn gallu gwneud dim byd yn iawn.
Fydd neb byth yn fy ngharu i.

Pan fyddwn ni'n isel ein hysbryd rydyn ni'n tueddu
i wneud datganiadau cyffredinol am ddigwyddiadau
negyddol, gan ddefnyddio geiriau fel 'bob amser' a 'byth'
yn lle 'weithiau' ac 'ar hyn o bryd'. Cadwch lygad am y
geiriau hyn. Yna gweithiwch ar gasglu'r *holl* dystiolaeth,
nid dim ond y dystiolaeth negyddol. **Ceisiwch ddeall mai
dim ond ar hyn o bryd y mae pethau fel maen nhw nawr.**
Anaml mae pethau'n aros yr un fath, ac allwn ni ddim
darogan y dyfodol. Dydy pethau byth *yn union* yr un fath.

Trychinebu

Dydw i ddim wedi llwyddo i orffen y prosiect mewn pryd.
Bydd fy mhennaeth yn gandryll. Fe fydda i'n colli fy swydd.
Fe fydda i'n methu talu'r morgais. Fe fydda i'n ddigartref…

Pan fyddwn ni'n teimlo'n isel, rydyn ni'n aml yn gadael
i'n meddyliau redeg yn syth i'r senario waethaf bosib cyn
i ddim byd ddigwydd go iawn. Yna rydyn ni'n dweud
wrthyn ni'n hunain bod senarios o'r fath yn anochel.

Ceisiwch gymryd un peth ar y tro. Dydy'r peth gwaethaf ddim bob amser yn digwydd, ac mae trychinebu'n gwneud eich iselder hyd yn oed yn waeth. Yn lle hynny, ceisiwch feddwl am un peth ar y tro. Mae'n bosib y gallwch chi gymryd camau i rwystro'r gwaethaf rhag digwydd. Mae llethu'ch hunan â thrychinebau, fodd bynnag, yn golygu'ch bod chi'n fwy tebygol o fynd i banig ac yn llai tebygol o weithredu'n effeithiol.

Meddwl mewn du a gwyn

Dydw i ddim yn berffaith yn fy ngwaith, felly dwi'n fethiant.
Dydy 'nghartre i ddim fel pìn mewn papur, felly dwi'n hwch.

Pan fyddwn ni'n meddwl yn nhermau 'popeth neu ddim' fel yr enghreifftiau uchod rydyn ni'n teimlo'n annigonol neu'n fethiant. Y broblem gyda hyn yw nad oes llawer o bethau mewn bywyd yn 'bopeth neu ddim' mewn gwirionedd. All neb fod yn berffaith – ac os mai dyna ein nod, fyddwn ni byth yn fodlon. **Ceisiwch anelu at wneud rhywbeth yn dda, yn hytrach na'i wneud yn berffaith!** Yn wir, wrth wneud pethau llai pwysig fel golchi'r car, arbrofwch gyda'r syniad bod 'digon da yn ddigon da'.

Darllen meddyliau

Dydy Ron ddim wedi ffonio. Mae e'n meddwl 'mod i'n dwpsen.
Wnaeth Mam ddim dweud 'mod i'n edrych yn neis. Mae hi'n meddwl 'mod i'n hyll ac yn dew.

Waeth faint o ymdrech wnawn ni, allwn ni ddim darllen meddyliau pobl eraill – byddai gwaith seicolegydd lawer yn haws pe baen ni'n gallu gwneud hynny! Weithiau gallwn fod yn weddol dda am ddarllen pobl, ond pan fyddwn ni'n isel ein hysbryd mae'n gogwydd negyddol yn codi'i ben. Rydyn ni'n tueddu i ragdybio ein bod yn *gwybod* bod pobl yn meddwl pethau negyddol. Oes gennych chi unrhyw syniadau pam na wnaeth Ron ffonio? Efallai ei fod e'n brysur, ac am ei fod yn hoff ohonoch chi ei fod nawr yn teimlo'n wael am fethu'ch ffonio chi. Efallai fod Mam yn meddwl eich bod yn edrych yn neis, ond ei bod hi naill ai'n meddwl am rywbeth arall neu wedi anghofio dweud hynny. **Peidiwch â neidio i gasgliadau sy'n seiliedig ar werthuso anghytbwys.**

Rhesymu emosiynol

Dwi'n teimlo'n ypsét ac yn poeni am fy ngwaith. Rhaid bod hynny'n golygu bod rhywbeth o'i le go iawn. Mae'n amlwg 'mod i'n gwneud yn wael iawn.

Weithiau, nid y ffordd rydyn ni'n teimlo am bethau sy'n dangos orau sut mae pethau mewn gwirionedd. Ceisiwch edrych ar y ffeithiau yn lle gadael i'ch teimladau eich arwain. Gofynnwch i rywun arall sydd ddim yn ymateb yn emosiynol fel hyn beth mae e neu hi'n ei feddwl. **Ewch ati i bwyso a mesur – ar wahân – y dystiolaeth a sut rydych yn teimlo am rywbeth.**

Ydych chi'n gyfarwydd ag unrhyw anghydbwysedd meddyliol o'r math yma? Mae'n fodd cyffredin iawn o feddwl pan fyddwn ni'n isel ein hysbryd, ac yn camliwio'r ffordd rydyn ni'n gweld pethau, gan gynnal, ymestyn a dyfnhau ein hiselder.

Mae CBT weithiau'n cael ei gyhuddo o fod yn 'ddim byd ond meddwl yn gadarnhaol'. Ond mewn gwirionedd, yn hytrach na gwneud ein meddyliau'n 'gadarnhaol', mae CBT yn dweud y dylem geisio'u hailwerthuso er mwyn dod o hyd i ffordd fwy realistig a chytbwys o edrych ar ddigwyddiadau a'u dehongli. Anaml iawn y mae unrhyw sefyllfa'n gwbl dda neu'n gwbl ddrwg. Yng ngeiriau Einstein, 'ffrwyth ein meddwl ... yw'r byd; ni ellir ei newid heb i ni newid ein meddyliau'.

Enghraifft syml:

Edrychwch allan drwy'r ffenestr. Mae'n arllwys y glaw.

Byddai ymateb **gornegyddol** yn dweud:

Mae'n bwrw glaw. Dyw hi byth yn mynd i stopio. Fe fydda i'n methu gadael y tŷ am hydoedd a fydda i byth yn gallu gwneud beth dwi eisiau ei wneud y tu allan.

Byddai ymateb **gorgadarnhaol** yn dweud:

Diwrnod hyfryd arall! Fe wna i frysio allan yn y man a gwneud y pethau dwi eisiau eu gwneud.

Byddai ymateb **realistig** a **chytbwys** yn dweud:

Mae'n bwrw glaw. Dyna siom – ond efallai y stopith hi mewn rhyw awr neu ddwy. Fel arall, fe alla i ddefnyddio ymbarél a dal i wneud rhai o'r pethau ro'n i am eu gwneud.

> ## COFIWCH HYN
> Cadwch lygad am feddyliau gwyrgam. Gofynnwch i chi'ch hun – oes yna ffordd arall o weld hyn? Pe bawn i ddim mor isel ar hyn o bryd, fyddwn i'n dal i'w weld e fel hyn?

Dod o hyd i ddewisiadau cytbwys i gymryd lle meddyliau negyddol

RHOWCH GYNNIG ARNI

Pan fyddwch chi'n ymwybodol eich bod chi'n teimlo'n isel, rhowch gynnig ar nodi'r meddyliau negyddol awtomatig sy'n gyfrifol am yr hwyliau hynny. Gwnewch nodyn ohonyn nhw. Nawr gofynnwch y cwestiynau canlynol i chi'ch hun:

- Oes yna ffordd arall o edrych ar hyn?
- Sut allwn i fod yn edrych ar hyn pe bawn i'n teimlo'n fwy cadarnhaol?
- Sut allwn i fod yn edrych ar hyn ymhen wythnos/mis/blwyddyn?

- Beth fyddai rhywun arall yn ei ddweud am hyn? Sut fyddai fy mhartner/rhiant/brawd/chwaer/ffrind yn edrych arno?
- Beth yw'r dystiolaeth am y meddwl hwn? Ydy fy meddwl i'n wyrgam neu'n anghytbwys mewn rhyw ffordd? Alla i ddod o hyd i dystiolaeth sy'n gwrthddweud y meddwl hwn? Beth ydw i'n ei fethu?

Bydd gofyn y cwestiynau hyn yn help i chi werthuso'ch meddyliau ac i ddeall nad ydych chi, o bosib, yn gweld pethau mor glir ag ydych chi'n ei feddwl.

Nawr, nesaf at y meddwl negyddol rydych chi wedi gwneud nodyn ohono, gwnewch restr o unrhyw feddyliau amgen neu gytbwys – gwahanol ffyrdd o edrych ar yr un sefyllfa sydd, o bosib, yn llai negyddol na'ch meddwl gwreiddiol.

Gadewch i ni edrych ar sut mae Gwenno'n cydbwyso'i meddyliau:

Meddwl negyddol	Meddyliau amgen cytbwys
Mae colli fy swydd yn profi bod popeth dwi'n ei wneud yn dda i ddim.	Mae colli fy swydd yn gwneud i fi deimlo'n dda i ddim. Ond mae fy ngwaith wedi cael canmoliaeth yn y gorffennol. Roedd fy mhennaeth diwetha i'n meddwl 'mod i'n dda iawn. Fe ddaeth y swydd yma i ben am fod y cwmni mewn trafferthion. Efallai eu bod nhw wedi fy niswyddo i am mai fi oedd yr olaf i ymuno â'r cwmni.

Does dim rhaid i chi gofnodi'ch meddyliau am byth, ond mae'n bwysig ymarfer hyn fel sgìl newydd pan fyddwch chi'n isel. Mae cofnodi pethau fel hyn yn help i ddatblygu arfer newydd o gydbwyso'ch meddyliau'n awtomatig, ond heb ymarfer wnewch chi byth ei feistroli.

> **COFIWCH HYN**
> Gwnewch nodyn ohono – helpwch eich hun i ddysgu sgìl newydd o gydbwyso'ch meddyliau trwy ymarfer yn rheolaidd.

Rhoi taw ar y beirniad

Mae llawer ohonon ni'n defnyddio hunanfeirniadaeth i'n sbarduno ymlaen. Dros y blynyddoedd mae'n bosib ein bod wedi dysgu bod ymddwyn yn llym tuag aton ni'n hunain weithiau'n help i'n hysgogi a'n cael i symud pan fyddwn ni'n diffygio. Y llais yna yn eich pen sy'n dweud 'dere 'mlaen, y pwdryn – alli di ddim gorweddian drwy'r dydd – cwyd a cher â'r ci am dro/golcha'r car/ffonia dy fam'. Rydyn ni i gyd yn gyfarwydd â hyn ac ambell dro, i ryw raddau, gall fod yn effeithiol. Y broblem yw, pan fyddwch chi'n isel, mae'r beirniad yn eich pen yn troi'n fwli heb unrhyw ddiddordeb yn eich buddiannau ac yn ymosod arnoch chi yn hytrach na'ch ysgogi. Am fod y bwli hwn yn rhan ohonoch chi, mae'n gwybod yn union beth sy'n eich ypsetio ac yn peri fwyaf o ofid i chi, a gall neidio ar y pethau hynny mewn ffordd sy'n gwneud i chi deimlo'n fwy isel fyth.

Os ydych chi'n ceisio annog ffrind sy'n cael trafferth i wneud yn dda, tybed pa un o'r dulliau hyn o fynd ati fydd yn gweithio orau?

> *Tyrd yn dy flaen. Fe alli di wneud hyn. Ti 'di gwneud camgymeriadau – mae hynny'n normal. Canolbwyntia ar y pethau rwyt ti'n medru eu gwneud – dwi'n gwybod y medri di gyrraedd y nod os wyt ti'n dal ati.*

NEU

> *Y twpsyn! Am beth gwirion i'w wneud! Edrych ar yr holl gamgymeriadau ti'n eu gwneud! Rwyt ti bob amser yn gwneud smonach o bob dim. Tria eto – i ni i gyd gael rhywbeth i chwerthin amdano!*

Mae'r ateb yn ddigon amlwg, on'd yw e? A chaniatáu bod yr ail ymateb yn sbeitlyd ac yn angharedig, pa un o'r ddau ddull o fynd ati sydd fwyaf tebygol o arwain at ganlyniad boddhaol? Mae'n gwbl amlwg bod y dull cyntaf yn fwy tosturiol na'r ail, ac yn fwy tebygol o helpu rhywun i gyflawni'r hyn mae'n ceisio'i wneud.

Ac eto, pan fyddwn ni'n beirniadu ac yn cosbi'n hunain yn ein pen, rydyn ni'n dewis yr ail ymateb. Does ryfedd ein bod ni'n teimlo'n ddigalon ac yn isel ein hysbryd.

Mae'r bobl sy'n effeithiol yn yr hyn maen nhw'n ceisio'i wneud gan amlaf yn ymddwyn fel ffrind iddyn nhw'u hunain. Maen nhw'n galonogol, yn gefnogol ac yn dosturiol wrthyn nhw'u hunain – yn union fel bydden ni'n ei wneud gyda ffrind da.

Gadewch i ni edrych sut gallai Gwenno ychwanegu tosturi at ei dull o gydbwyso'i meddyliau:

Meddwl negyddol	Meddyliau amgen cytbwys, tosturiol
Ga i byth swydd arall achos dwi'n dda i ddim. Wnes i ddim cyrraedd y rhestr fer am y swydd y gwnes i gais amdani yr wythnos diwethaf. Does dim pwynt rhoi cynnig arall arni. Dwi'n dwpsen go iawn.	Allwch chi ddim gweld i'r dyfodol. Mae dod o hyd i swydd mewn cyfnod o ddirwasgiad yn anodd. Na, ches i mo'r swydd yna, ond mae'n siŵr bod cryn dipyn wedi mynd amdani. Dalia ati. Rwyt ti wedi llwyddo yn y gorffennol, ac fe alli di wneud hynny eto.

Stori i'ch helpu: y parot gwenwynllyd

Dychmygwch fod rhywun wedi rhoi parot i chi. Parot yw parot. Does ganddo ddim gwybodaeth, doethineb na mewnwelediad – wedi'r cwbl, aderyn yw e. Mae'n adrodd pethau 'fel parot' heb unrhyw ddealltwriaeth na dirnadaeth. Parot yw e.

Fodd bynnag, mae'r parot arbennig hwn yn wenwynllyd. Mae e wedi cael ei hyfforddi'n benodol i fod yn rhwystr i chi, gan wneud sylwadau amdanoch chi ac am eich bywyd yn barhaus, a hynny mewn ffordd sy'n eich beirniadu'n ddi-baid ac yn eich tynnu i lawr.

Er enghraifft, mae eich bws yn cael ei ddal mewn tagfa draffig, ac rydych chi'n cyrraedd y gwaith 5 munud yn hwyr. Mae'r parot yn eistedd yno ac yn dweud:

Dyna ti eto. Yn hwyr! Alli di jest ddim dod i ben â chyrraedd yno mewn pryd, alli di? Ti mor dwp. Petait ti wedi gadael y tŷ a dal y bws cynt fe fyddet ti wedi cyrraedd yno gyda digon o amser yn sbâr a byddai'r pennaeth yn hapus. Ond ti? Dim peryg. Ti jest methu'i wneud e. Ti'n dda i ddim. Dim gwerth taten. Mewn gair, pathetig!

Pa mor hir fyddech chi'n fodlon goddef y fath ddirmyg cyn taflu tywel dros gaets y parot neu gael gwared ohono?

Ac eto, rydyn ni'n aml yn fodlon goddef llais y bwli mewnol hwn am lawer gormod o amser – degawdau, hyd yn oed. Rydyn ni'n clywed y 'parot' yna, yn ei gredu, ac yn naturiol yn cael ein hypsetio. Mae hyn wedyn yn effeithio ar y ffordd rydyn ni'n byw ein bywyd, sut rydyn ni'n ymddwyn tuag at eraill, sut rydyn ni'n meddwl am eraill ac am y byd, a sut rydyn ni'n teimlo amdanon ni'n hunain.

Gallwn ddysgu defnyddio gwrthwenwyn: sylwi ar y parot, a gorchuddio'r caets!

Dywedwch wrthych chi'ch hun, 'Dim ond y parot 'na sy wrthi eto. Does dim rhaid i fi wrando arno fe – dim ond parot yw e!' Yna ewch i wneud rhywbeth arall.

Canolbwyntiwch ar rywbeth heblaw'r parot. Ond mae'r parot hwn yn wenwynllyd, a wnaiff e ddim rhoi'r ffidil yn y to yn hawdd. Bydd yn rhaid i chi ddyfalbarhau – dal ati a defnyddio'r gwrthwenwyn! Yn y pen draw bydd y parot yn blino ar fod dan y tywel, ac yn blino ar eich diffyg ymateb. Byddwch yn sylwi llai a llai arno. Efallai y bydd ei wenwyn yn lleihau wrth i'ch gwrthwenwyn chi ei drechu, neu efallai y bydd yn hedfan i ffwrdd i ble bynnag mae parotiaid gwenwynllyd yn mynd.

Defnyddiwyd y stori hon gyd chaniatâd caredig Kristina Ivings a Carol Vivyan.

OS COFIWCH CHI UN PETH
Dyw hunanfwlio o ddim budd i chi. Ceisiwch drin eich hun fel y byddech chi'n trin ffrind. Anogwch eich hun ac fe fyddwch yn fwy effeithiol.

Meddwl am feddwl

Meddyliwch am eich meddwl. Faint o feddyliau, dybiwch chi, rydych chi'n eu cael mewn un diwrnod? Pa mor aml mae pethau sy'n llamu i'ch meddwl fel petaen nhw'n bethau cwbl ar hap, rhyfedd hyd yn oed? Mae ein meddwl yn llefydd prysur tu hwnt a dydy pob un o'n meddyliau ni ddim yn haeddu ein sylw. Pan ydyn ni'n isel ein hysbryd mae unrhyw feddwl negyddol sy'n dod i'n pen yn tueddu i dynnu'n sylw – rydyn ni'n ei gredu, gan gymryd yn ganiataol ei fod yn wir am ei fod yn cyd-fynd â sut rydyn ni'n teimlo. Weithiau gall hyn ddigwydd heb i ni hyd yn oed sylwi arno – meddyliau negyddol yn dilyn meddyliau negyddol a'n hwyliau'n mynd yn fwyfwy diflas. Gall hyfforddi'n hunain i fod yn fwy ymwybodol o'r hyn sy'n digwydd yn ein meddwl ddangos i ni mai dim ond *meddyliau* yw meddyliau – nid ffeithiau. Fel rydyn ni wedi'i weld eisoes, gall meddyliau fod yn anghytbwys, yn anghywir ac yn ddi-fudd. Gydag ymarfer gallwn ddysgu gwahanu'r da oddi wrth y drwg a dewis ar ba feddyliau i wrando.

RHOWCH GYNNIG ARNI

Dychmygwch eich bod chi'n aros wrth ochr y ffordd yn gwylio'r traffig yn gwibio heibio. Mae'ch meddyliau fel bysys mawr coch yn mynd heibio. Mae cynnwys eich meddyliau wedi'i ysgrifennu ar ochr y bysys. Gallwch ddewis mynd ar fws neu adael iddo fynd heibio. Gwyliwch eich meddyliau. Os daw bws heibio a'r geiriau 'rwyt ti'n dwpsen' wedi'u hysgrifennu arno – ydych chi *wir* eisiau mynd ar y bws yna? Fydd e'n mynd â chi i rywle lle'r ydych chi eisiau mynd? Pa fws allai fod yn fwy buddiol i chi fynd arno? Gadewch i'r bws 'twpsen' fynd heibio – a dewiswch fynd ar well bws.

> **COFIWCH**
> *Meddyliau* yw meddyliau – nid ffeithiau!

RHOWCH GYNNIG ARNI

Rhowch gynnig ar yr ymarfer hwn, sy'n seiliedig ar ddull o fyfyrio o'r enw **ymwybyddiaeth ofalgar**.

Eisteddwch yn gysurus gyda'ch dwylo'n gorffwys yn eich côl; caewch eich llygaid neu canolbwyntiwch ar rywbeth sydd o'ch blaen. Yn raddol byddwch yn dod yn ymwybodol o'r synau o'ch cwmpas – beth allwch chi ei glywed? Tician y cloc, efallai, pobl y tu allan i'r ystafell, neu sŵn adar neu draffig? Ceisiwch ganolbwyntio ar y synau a dod yn ymwybodol ohonyn nhw. Rhowch gynnig ar wneud hyn am rai munudau ...

Beth ddigwyddodd yn eich meddwl yn ystod yr ymarfer? Mae'n bur debyg ei bod yn anodd canolbwyntio ar ddim byd ond y synau. Gyda'r rhan fwyaf o bobl, mae eu meddwl yn eu pledu â chant a mil o feddyliau, gofidiau a chwestiynau. Mae rhai o'r meddyliau'n arbennig o 'ymwthiol'. Maen nhw'n dod i'n meddwl ac mae'n anodd iawn symud ein sylw i ffwrdd oddi wrthyn nhw oherwydd y ffordd maen nhw'n gwneud i ni deimlo. Ewch drwy'r ymarfer hwn eto. Bob tro y byddwch chi'n teimlo rhyw feddwl yn tynnu'ch sylw, nodwch ei fod wedi digwydd ac, yn union fel y bws, gadewch iddo basio heibio.

Yn araf, symudwch eich sylw'n ôl i wrando am y sŵn nesaf. Peidiwch â'i orfodi – wnaiff hyn ddim ond gwneud y meddwl hwnnw'n fwy ymwthiol. Anogwch eich meddwl i fynd yn ôl at y peth roeddech chi'n canolbwyntio arno. Mae'n bosib y bydd raid i chi wneud hyn ddwsinau o weithiau mewn dim ond ychydig funudau. Mae hynny'n normal. Ond amla'n y byd y byddwch chi'n gadael i'ch meddwl grwydro, mwya'n y byd fydd y cyfleoedd i chi ymarfer troi'n ôl at y synau. Os yw hyn yn anodd i chi, byddwch yn barod i glywed yr hen barot yn dweud na allwch chi ei wneud e!

Dysgwch beth sy'n gweithio i chi

Cofiwch, mae'r llyfr hwn yn cynnig syniadau ac arweiniad gan ddefnyddio amrywiaeth o dechnegau. Rydych chi'n chwilio am y rhai fydd yn fwyaf buddiol i chi. Gwellhad cyfyngedig yn unig mae rhai pobl sy'n dioddef iselder yn ei gael gan therapïau seicolegol penodol, a phan fydd y bobl hyn hefyd yn wrthwynebus i gyffuriau, fe allan nhw fod mewn trwbwl. Serch hynny, mae yna bob amser ffyrdd trwodd.

ASTUDIAETH ACHOS – Iolo

Wedi i ddifftheria beri i'w fam golli'i phlentyn cyntaf, plentyndod unig gafodd Iolo. Ac yntau wedi'i amddifadu o chwarae ac unrhyw gysylltiad cymdeithasol, cafodd ei fwlio yn yr ysgol a 'breuddwydiwr' oedd e yn y dosbarth.

Yn ei waith roedd yn fewnblyg, yn ddwys, yn ddifrifol ac yn dra beirniadol o bobl eraill. Doedd e byth yn fodlon ar ei safle ar yr ysgol yrfa, er bod eraill yn ei ystyried yn llwyddiannus iawn. Fel oedolyn roedd yn dioddef iselder, a dim ond trwy chwaraeon tîm a chlybiau chwaraeon y byddai'n gwneud ffrindiau. Roedd yn briod am 20 mlynedd cyn iddo ef a'i wraig wahanu.

Dros gyfnod o ddau ddegawd, ymgynghorodd Iolo â chwech neu saith o seicotherapyddion. Yn y therapi daeth i ddeall yr achosion posib am ei iselder, ond roedd ei hwyliau diflas yn parhau. Yn wir, ar brydiau roedden nhw'n mynd yn waeth – a phan ddechreuodd gael meddyliau am hunanladdiad aeth i weld seiciatrydd. Roedd sgileffeithiau na allai Iolo eu goddef i'r holl gyffuriau presgripsiwn roedd e'n eu cymryd, ac roedd e'n teimlo ei fod yn ôl ble dechreuodd e.

Yna daeth Iolo ar draws dysgeidiaeth Fwdhaidd ar ddioddefaint ac achosion dioddefaint. Dysgodd ddefnyddio **myfyrdod ymwybyddiaeth ofalgar** i archwilio realiti ei drallod ei hun. Dechreuodd ystyried y ffordd roedd ei feddwl yn gweithio gan ddechrau adnabod y meddyliau negyddol oedd yn gyrru ei iselder. Wrth wneud hyn, gwelodd ei fod yn fwy abl i gwestiynu dilysrwydd y meddyliau hynny ac i newid y ffordd roedd e'n dehongli pethau o'i gwmpas. Edrychodd Iolo hefyd ar ei weithgareddau a'i ffordd o fyw. Trefnodd i dreulio mwy o amser gyda phobl roedd e'n eu hoffi, a rhoddodd gynnig ar rai gweithgareddau cymdeithasol newydd.

Mae ffrindiau Iolo wedi gweld newid mawr yn ei bersonoliaeth. Mae e'n hyderus na fydd yr hwyliau tywyll yn debygol o'i lorio yn y dyfodol gan ei fod bellach yn defnyddio arf archwilio **myfyrdod ymwybyddiaeth ofalgar** i bennu realiti unrhyw broblem benodol. Mae'r camargraffiadau a'r gwyriadau a gafodd eu creu yn ystod ei blentyndod cynnar yn dal i ddod i'r wyneb, ond bellach gall eu gweld am yr hyn ydyn nhw a pheidio â gadael iddyn nhw ddifetha'i iechyd a'i berthynas â phobl.

Mae CBT yn cydnabod gwerth myfyrdod ymwybyddiaeth ofalgar a gall ddod yn arf defnyddiol i gynorthwyo therapi.

Crynodeb – y 'da' a'r 'na' wrth brofi iselder

Da!	Na!
Dweud wrth rywun sut rydych chi'n teimlo	Cosbi'ch hunan
Symud – gwneud rhywbeth egnïol am 5 munud	Aros yn y gwely
	Disgwyl gormod gennych chi'ch hun
Trin eich hun fel y byddech chi'n trin ffrind	
Archwilio'ch meddyliau am anghydbwysedd	Gwrando ar yr hen barot 'na!
Cofio nad ffeithiau yw meddyliau	

7. Ymdopi â dyddiau du (CBT)

Mae pobl fel ffenestri gwydr lliw. Maen nhw'n disgleirio ac yn pefrio pan fo'r haul yn gwenu. Ond pan fo'r tywyllwch yn cau, ni chaiff eu gwir brydferthwch ond ei ddatguddio os oes goleuni oddi mewn.
Elizabeth Kubler Ross

Mae Penodau 4 a 6 yn disgrifio sut mae CBT yn dangos y ffordd mae gwyriadau yn ein meddyliau a'n credoau am ddigwyddiadau yn ein bywyd yn arwain at drallod emosiynol a/neu batrymau o ymddygiad di-fudd. Fodd bynnag, beth mae CBT yn ei ddweud am sefyllfaoedd lle gallai ein meddyliau negyddol fod yn gywir? Efallai eich bod chi wedi colli rhywun rydych chi'n ei garu. Efallai ei bod hi'n wir dweud, 'Fydda i byth yn gweld y person yna eto.' Dydych chi ddim yn gorliwio nac yn dangos math arall o wyriad negyddol – byddai unrhyw un yn affwysol o drist, mae hynny'n ddealladwy. Rydyn ni i gyd yn cael profiadau annifyr yn ein bywydau o bryd i'w gilydd, ond mae rhai'n wynebu mwy o bethau, a phethau anoddach, nag eraill.

Meddyliwch am unrhyw bethau trist sydd wedi digwydd i chi dros y pum mlynedd diwethaf. Ysgrifennwch nhw yn y tabl isod. Os oes angen, lluniwch dabl mwy o faint.

Dyddiad	Digwyddiad	Teimladau

Dyma rai o'r digwyddiadau sy'n achosi'r straen mwyaf yng nghymdeithas y Gorllewin. Ydych chi wedi dioddef unrhyw un ohonyn nhw?

- Marwolaeth cymar, partner neu berthynas agos
- Dedfryd o garchar
- Marwolaeth ffrind agos
- Ysgariad/teulu yn chwalu
- Perthynas yn chwalu
- Beichiogrwydd digroeso/camesgoriad (chi neu eich partner)
- Cyfnod o ddigartrefedd/problemau tai
- Dyled sylweddol/problemau ariannol
- Diweithdra
- Salwch difrifol (chi neu aelod o'ch teulu).

A oes rhai eraill ar eich rhestr? Llenwch y tabl a cheisiwch nodi eich teimladau hefyd.

Os ydych chi wedi bod trwy un neu fwy o'r digwyddiadau ar ein rhestr, mae ymchwil yn awgrymu eich bod chi'n fwy tebygol o ddioddef problemau iechyd corfforol a meddyliol a'i chael hi'n anoddach ymdopi'n gymdeithasol. Mwya'n y byd rydych chi wedi bod trwyddo, gwaetha'n y byd rydych chi'n debygol o deimlo.

Mewn gwirionedd, dydy e ddim mor syml â hynny. Mae llawer o ffactorau amrywiol yn dylanwadu ar ymatebion person i straen. Mae rhai pobl yn fwy gwydn ac felly'n gallu ymdopi'n well nag eraill â digwyddiadau sy'n peri straen. Er bod ffactorau penodol megis gwendidau biolegol, magwraeth neu ddigwyddiadau hanesyddol y tu hwnt i'n rheolaeth, mae llawer o bethau y gallwn ni eu gwneud i wella'r tebygolrwydd y byddwn ni'n gallu ymdopi â digwyddiadau sy'n peri straen. Yn groes i'r gred boblogaidd, dydy hyn ddim yn golygu bod rhai pobl yn gryfach nag eraill. Mae ein gwydnwch a'n gallu i reoli straen yn newid gydol ein hoes ac, ar rai adegau, bydd pobl 'gryf' yn teimlo bod pethau maen nhw fel arfer yn ymdopi'n iawn â nhw yn effeithio arnyn nhw.

Mae'n ddefnyddiol meddwl bod gennym ni i gyd gapasiti cyfyngedig ar gyfer straen, fel bwced sy'n dal swm penodol o ddŵr. Rydyn ni i gyd yn dioddef rhywfaint o straen yn ein bywyd bob dydd. Yn wir, mae angen rhywfaint o straen i'n hysgogi ni i weithredu. Fodd bynnag, os yw ein bwced straen bron yn llawn bob amser, fydd dim angen llawer mwy i wneud iddo orlifo, neu i ni ddatblygu anawsterau ymdopi. Felly, mae problem fach sy'n datblygu ar ben problemau bach eraill yn gallu gwneud i ni deimlo bod ein bywyd yn chwalu. Efallai ein bod ni wedi ymdopi'n dda â phopeth tan hynny, ond dyna pryd mae ein dagrau'n dechrau llifo.

Mae ymchwil yn dangos bod llawer o ffactorau'n dylanwadu ar sut rydyn ni'n cael ein heffeithio gan ddigwyddiadau negyddol bywyd, boed y rheiny'n rhai mawr neu'n rhai bach. Byddwn yn eu trafod yn gryno yn y man. Darllenwch bob un a meddwl am eich profiadau bywyd eich hun. Sut maen nhw wedi eich helpu chi i ymdopi â digwyddiadau bywyd sy'n peri straen? Oes yna bethau penodol sy'n eich gwneud chi'n agored i straen, neu'n fwy abl i'w wrthsefyll? Yn aml, mae profiadau negyddol yn gallu gweithio mewn gwahanol ffyrdd ar wahanol bobl ar wahanol adegau. Weithiau, rydyn ni'n gallu dysgu gan bethau a dod yn fwy medrus trwy ein profiadau. Droeon eraill, dydyn ni ddim yn llwyddo i wneud hynny a gall y profiadau negyddol gael mwy o effaith o lawer. Os byddwch chi'n teimlo eich bod chi'n llai tebygol o ymdopi â straen, mae'n debyg bod llawer o resymau da dros hyn. Yn sicr, nid y ffaith eich bod chi'n wan yw'r rheswm.

Ffactorau allweddol sy'n dylanwadu ar sut rydych chi'n ymdopi

- Ystyr y digwyddiad
- Deall beth yw eich cryfderau a'ch galluoedd
- Ffactorau hanesyddol
- Nodweddion personoliaeth.

Gadewch i ni edrych ar y rhain yn fwy manwl.

Mae'r *ystyr* rydyn ni'n ei roi i ddigwyddiadau yn gallu newid ein hymatebion a'n gallu i ymdopi â nhw. Er enghraifft, os ydyn ni'n credu ein bod ni wedi achosi problem trwy wneud rhywbeth o'i le, bydd ein hymateb yn dibynnu ar p'un a ydyn ni'n credu bod ein camgymeriad yn un dealladwy ai peidio. Os ydyn ni'n credu bod y camgymeriad yn un y gellid maddau iddo, efallai y byddwn ni'n gallu dysgu ohono a gwneud newidiadau cadarnhaol i'r dyfodol. Ond os byddwn ni'n credu ein bod ni'n berson gwael neu ddiffygiol, efallai y byddwn ni'n teimlo na allwn ni newid a dysgu o'r profiad. Mae un farn yn golygu y gallwn ni barhau i deimlo'n dda amdanon ni'n hunain, a'r llall yn golygu na allwn ni wneud hynny.

Os ydyn ni'n credu bod gennym ni'r **cryfderau a'r gallu** i ymdopi â sefyllfa, a bod modd ei rheoli, waeth pa mor wael yw hi, byddwn yn defnyddio strategaethau sy'n fwy tebygol o gael canlyniad cadarnhaol. Mae'r rhain yn **strategaethau sy'n gysylltiedig â dull**, megis datrys problemau, dysgu o brofiadau anodd, a defnyddio cymorth gan eraill.

Ond os ydyn ni'n credu na allwn ni ymdopi, neu nad oes modd rheoli'r broblem, rydyn ni'n fwy tebygol o ddefnyddio strategaethau llai llwyddiannus. Mae'r **strategaethau osgoi** hyn yn cynnwys cadw draw oddi wrth eraill, gwneud llai o'r pethau rydyn ni'n eu gwneud fel arfer, defnyddio cyffuriau neu alcohol i ddianc, neu esgus nad yw'r broblem yn bodoli, yn y gobaith y bydd yn diflannu. Wrth gwrs, dangoswyd bod y strategaethau hyn yn llai llwyddiannus.

Mae **ffactorau hanesyddol** megis magwraeth, addysg a phrofiadau bywyd cynnar yn bwysig hefyd wrth ymdopi â straen. Os ydyn ni wedi cael ein dysgu bod dangos emosiwn yn golygu ein bod ni'n wan, efallai y byddwn ni'n ddig wrthyn ni'n hunain am yr hyn a ystyrir yn ymatebion normal dan yr amgylchiadau. Felly, er enghraifft, os byddwn ni'n colli partner neu ffrind agos, efallai na fyddwn ni'n ymdopi cystal gan ein bod ni'n dwrdio'n hunain am deimlo emosiynau cwbl normal megis tristwch neu alar. Ond os ydyn ni wedi cael ein dysgu y dylen ni fynegi a rhannu ein hemosiynau, er y bydd ein galar yn llawn mor gryf bydd yn haws ei reoli a byddwn ni'n ymdopi'n well.

Gall rhai **nodweddion personoliaeth** – megis optimistiaeth neu natur gymdeithasgar – hefyd ein gwneud ni'n fwy neu'n llai agored i straen. Mae cymorth cymdeithasol yn bwysig iawn o ran sut rydyn ni'n ymdopi ar ôl digwyddiad bywyd sy'n peri straen. Felly, mae gan bobl sy'n naturiol gymdeithasol, neu sy'n gallu meithrin cysylltiadau agos, fantais yma.

Mae gan lawer o ffactorau eraill ran i'w chwarae o safbwynt pa mor dda rydych chi'n ymdopi. Mae'r rhain yn cynnwys eich oedran, eich statws economaidd-gymdeithasol a pha gyfnod yn eich bywyd rydych chi ynddo. Mae'n amlwg bod gennym fwy o reloaeth ar rai o'r ffactorau uchod nag eraill. Mae'r ystyr rydych chi'n ei roi i ddigwyddiadau a sut rydych chi'n rhagweld y byddwch chi'n ymdopi yn rhan annatod o CBT. Erbyn i chi orffen y llyfr hwn, mae'n debygol y byddwch chi wedi dysgu nodi a thrafod y rhain mewn ffyrdd gwahanol iawn.

O ran dylanwad ffactorau hanesyddol a nodweddion personoliaeth, y newyddion da yw bod modd goresgyn y rhain. Beth bynnag fo'r sefyllfa, gallwn ni i gyd ddysgu rheoli straen yn well, beth bynnag fo'n cefndir, ein rhyw, ein hoedran neu ein profiad.

COFIWCH HYN
Mae'r diffiniad o ddigwyddiad bywyd sy'n peri straen yn wahanol i bawb. Os nad yw eich ysgogydd straen chi ar ein rhestr, dydy hynny ddim yn golygu bod pethau'n llai anodd neu'n llai heriol i chi.

Rheolau pwysig ar gyfer ymdopi â digwyddiadau bywyd sy'n peri straen

Yn yr adrannau canlynol, byddwn ni'n edrych ar y rheolau pwysig ar gyfer ymdopi â sefyllfa sy'n peri straen a gofalu amdanoch chi'ch hun yn ystod cyfnod anodd.

1. Gofalwch am y pethau sylfaenol

Pan fydd pethau gwael yn digwydd, efallai y byddwch chi'n teimlo fel mynd i guddio yn y gwely ac anghofio am eich rwtîn a'ch arferion bob dydd. Mae gofalu am eich anghenion sylfaenol yn bwysicach nag erioed ar adegau fel hyn. Efallai na fyddwch chi'n teimlo fel bwyta, ac efallai y byddwch chi'n cael trafferth cysgu, ond mae'n hollbwysig eich bod yn gofalu amdanoch chi'ch hun. Dylech fwyta prydau bach yn aml, yn hytrach na cheisio bwyta prydau arferol, ond gofalwch eich bod chi yn bwyta – mae cyfnodau emosiynol yn gallu sugno ein hegni ac mae angen bwyd ar ein cyrff, er efallai fod ein meddwl yn dweud nad oes angen bwyd arnon ni, na chwant bwyd chwaith. Ceisiwch orffwys, hyd yn oed os ydych chi'n cael trafferth cysgu. Mae llawer o bobl yn teimlo bod tabledi cysgu sy'n cael eu defnyddio mewn ffordd synhwyrol ac am gyfnod mor fyr â phosib yn gallu bod yn ddull defnyddiol o ddod trwy'r nosweithiau cyntaf ar ôl i rywbeth anodd ddigwydd. Os ydych chi'n cael trafferth cysgu, ewch i Bennod 3 i gael rhai awgrymiadau defnyddiol.

2. Cadwch yn (rhesymol) brysur

Mae mynd trwy ein harferion a'n rwtîn arferol yn gallu bod yn ddefnyddiol iawn yn ystod adegau anodd. Os ydych chi fel arfer yn mynd â'r ci am dro yn y bore, neu'n mynd i'r siop leol i brynu papur newydd yn y prynhawn, gwnewch eich gorau i barhau â'r gweithgareddau hyn. Mae gennym ni i gyd dasgau cyfarwydd sy'n gallu ein helpu i gadw mewn cysylltiad â bywyd bob dydd, ac rydyn ni'n eu gwneud nhw bron iawn heb feddwl. Maen nhw'n gallu ein cysuro ar adegau anodd, ac yn ein hatgoffa bod gennym ni fywyd i'w fyw a bod modd i ni reoli o leiaf rhai agweddau ohono o hyd. Weithiau, mae'n rhaid i ni fynd trwy'r mosiwns er mwyn parhau i fyw ein bywyd.

ASTUDIAETH ACHOS – Bhaven

Disgrifiodd Bhaven, sy'n ŵr gweddw ifanc, sut yr aeth i barti tua blwyddyn ar ôl i'w wraig farw. Aeth i'r parti gan fod ei ffrindiau wedi ei wahodd a'i fod yn teimlo'n wael yn gwrthod gwahoddiad arall eto fyth. Doedd ganddo ddim awydd mynd, ac ar y noson dywedodd nad oedd e wedi mwynhau ei hun rhyw lawer. Fodd bynnag, cyfaddefodd Bhaven yn ddiweddarach nad oedd y profiad wedi bod cynddrwg â'r disgwyl; dywedodd y byddai'n ei chael yn haws mynd y tro nesaf ac, yn y pen draw, efallai y byddai'n dechrau mwynhau mynd i bartïon eto, fel roedd e'n arfer ei wneud cyn ei brofedigaeth.

Byddwch yn wyliadwrus – weithiau mae pobl yn defnyddio gwaith neu weithgareddau eraill fel ffordd o guddio neu osgoi eu hemosiynau. Mae hyn yn gallu golygu y bydd hi'n cymryd mwy o amser i wella.

3. Gwnewch ymarfer corff

Efallai mai dyma'r peth olaf y byddwch chi'n teimlo fel ei wneud. Fodd bynnag, mae tystiolaeth dda yn dangos bod ymarfer corff yn bwysig i reoli diffyg hwyl a straen. Efallai y bydd mynd am dro bach rownd y bloc neu mewn parc lleol yn codi rhywfaint ar eich ysbryd, ac mae'n debygol o gael effaith fwy cadarnhaol nag eistedd a chanolbwyntio ar eich problemau. FELLY … yr ymarfer yw … YMARFER CORFF! Symudwch! Gorfodwch eich hun i wneud unrhyw beth corfforol – dim ond am 5 munud. Ewch amdani!

4. Rhowch gyfle i chi'ch hun deimlo'n drist

Efallai fod hyn yn swnio'n rhyfedd, ond mae llawer o bobl yn treulio llawer o amser yn brwydro yn erbyn ymatebion normal, naturiol i'r hyn sydd wedi digwydd iddyn nhw. Mae colled a siom yn gallu arwain at alar. Dydy teimlo a mynegi galar a thristwch ddim yn wendid. Efallai mai dyma'r unig ffordd o wella a symud ymlaen. Mae pawb yn profi a mynegi emosiynau yn wahanol. Does dim un ffordd gywir neu anghywir. Fodd bynnag, wrth i ni frwydro yn erbyn emosiynau poenus, dydyn ni fel arfer yn gwneud dim ond eu gwaethygu.

Meddyliwch beth fyddech chi'n ei wneud pe baech yn cael eich dal mewn tywod gwlyb. Eich greddf gyntaf fyddai brwydro'n galed i geisio dianc. Ond nid dyna ddylech chi ei wneud. Mwya'n y byd y byddwch chi'n brwydro yn ei erbyn, cyflyma'n y byd y bydd y tywod yn eich sugno i lawr. Y peth gorau i chi ei wneud yw peidio â brwydro, gorwedd yn fflat a cheisio symud ymlaen yn araf. Mae'r un peth yn wir gydag emosiynau poenus. Peidiwch â brwydro yn eu herbyn, a cheisiwch oddef y boen. Daliwch ati. Peidiwch â brwydro yn erbyn y teimladau – byddan nhw'n mynd yn gryfach ac yn ceisio eich tynnu chi i lawr. Atgoffwch eich hun fod yr hyn rydych chi'n ei deimlo yn normal, yn naturiol ac yn ddealladwy. Yn bwysicaf oll, atgoffwch eich hun y byddwch chi'n gwella a'r teimladau'n diflannu gydag amser. Dydy hynny ddim yn golygu y bydd eich colled yn cael ei hanghofio neu hyd yn oed yn cael ei dileu yn gyfan gwbl; y cyfan mae'n ei olygu yw y bydd eich teimladau'n colli eu min ac yn dod yn llai poenus dros amser. Bydd rhai pethau wastad yn eich brifo ond, yn raddol, byddan nhw'n cael llai o effaith ar eich gallu i weithredu – hyd yn oed os, wrth i chi fynd drwyddi, bydd hynny'n ymddangos yn amhosib neu'n bell iawn i ffwrdd.

Pan fyddwch chi'n teimlo'n drist, rhowch gyfle i chi'ch hun deimlo fel hyn.

Cofiwch:

- Eich bod chi'n teimlo fel hyn am reswm
- Dyma sut rydych chi'n teimlo ar hyn o bryd
- Byddwch yn cael diwrnodau da a diwrnodau gwael
- Mae teimladau'n newid, ac mae hyd yn oed dwyster y galar yn cynyddu ac yn lleihau
- Gwnewch y gorau o'r diwrnodau da, a byddwch yn garedig wrthych chi'ch hun ar y diwrnodau gwael
- Gwnewch bethau sy'n lleddfu'r boen a byddwch yn dyner â chi'ch hun
- Cofiwch drin eich hun fel y byddech chi'n trin ffrind agos neu blentyn sy'n dioddef
- Byddwch yn gwella'n gynt wrth fod yn garedig wrthych chi'ch hun
- Peidiwch â dwrdio'ch hun na dweud y dylech fod wedi gwella erbyn hyn
- Byddwch yn ffrind gorau i chi'ch hun.

Yn olaf, ac yn bwysicaf oll:

- Gwnewch yr hyn sy'n iawn i chi.

Does dim gwerth o gwbl i siarsio'ch hun i 'siapio' a dod dros y peth. Pe bai mor syml â hynny, byddech chi wedi gwneud hynny amser maith yn ôl – a fydden ni ddim yn ysgrifennu'r llyfr hwn!

GAIR I GALL

Syniadau am sut i fod yn dyner â chi'ch hun

Cymerwch fâth cynnes. Ewch i gael sesiwn tylino'r corff. Bwytewch fwyd cysur (mae bananas a siocled yn gallu helpu – ond peidiwch â'i gor-wneud hi!). Neilltuwch amser i siarad gyda ffrind. Gwyliwch hoff ffilm. Ewch am dro yng nghefn gwlad. Prynwch ddillad newydd.

Edrychwch i weld faint o syniadau eraill y gallwch chi eu cael nad ydyn ni wedi sôn amdanyn nhw.

Dydyn ni ddim yn awgrymu am eiliad y bydd unrhyw un o'r pethau hyn yn lleddfu eich poen emosiynol yn gyfan gwbl. Fodd bynnag, efallai y byddan nhw'n eich helpu chi i ymlacio rhyw fymryn. Sbwyliwch eich hun ddigon i roi lle i chi oresgyn y diffyg teimlad a dechrau teimlo eto.

5. Cadwch lygad am feddyliau gwyrgam

Ar ddechrau'r bennod hon, fe rybuddion ni sut mae rhai meddyliau negyddol ar adegau anodd yn ein bywydau yn anochel, ac yn gallu bod yn gywir. Ond dydy hynny ddim yn golygu eu bod nhw *i gyd* yn gywir. Gallwn barhau i gael meddyliau gwyrgam a chamddeongliadau ar adegau fel hyn. Sylwch ar y pethau sy'n mynd trwy eich meddwl. Pa mor gywir yw'r rhagdybiaethau rydych chi'n eu gwneud a'r pethau rydych chi'n eu dweud wrthych chi eich hun ar hyn o bryd? Pa mor ddefnyddiol ydyn nhw i chi?

ASTUDIAETH ACHOS – **Nia**

Mae Nia yn mynd trwy ysgariad, ar ôl darganfod bod ei gŵr wedi cael cyfres o garwriaethau. O'r diwedd, mae e wedi ei gadael hi i symud i mewn gyda menyw iau y cwrddodd â hi yn y gwaith. Yn naturiol, mae Nia'n ddig, yn drist ac yn drallodus. Mae llawer o bethau'n mynd trwy ei meddwl. Efallai fod rhai o'r meddyliau hyn, fel 'dydy e ddim yn fy ngharu i mwyach', 'mae e'n meddwl ei bod hi'n fwy deniadol na fi', neu 'mae e eisiau bod gyda hi mwy na gyda fi', yn wir. Wrth gwrs, bydd y teimladau hyn yn boenus iawn. Fodd bynnag, mae yna feddyliau eraill sydd ddim yn wir ac sy'n gallu dyfnhau eich trallod yn ddiangen. Mae enghreifftiau yn y tabl isod.

Meddwl gwyrgam	Gwrthddadleuon rhesymegol
Fydd neb yn fy ngharu i nac yn meddwl fy mod i'n ddeniadol byth eto	
Bydd pob dyn yn fy ngadael i am fenyw iau yn y pen draw – maen nhw i gyd yr un fath	
Fydda i byth yn hapus eto	

Tybed a allwch chi feddwl am rai gwrthddadleuon rhesymegol i'r enghreifftiau hyn o feddyliau gwyrgam? Ysgrifennwch nhw yn y golofn ar y dde uchod. Rydyn ni wedi rhoi rhai awgrymiadau yn y tabl isod, ac mae llawer mwy i gael, wrth gwrs.

Meddwl gwyrgam	Gwrthddadleuon rhesymegol
Fydd neb yn fy ngharu i nac yn meddwl fy mod i'n ddeniadol byth eto	Does neb yn gallu proffwydo'r dyfodol
Bydd pob dyn yn fy ngadael i am fenyw iau yn y pen draw – maen nhw i gyd yr un fath	Mae pawb yn wahanol
Fydda i byth yn hapus eto	Anaml iawn mae teimladau poenus yn para am byth, hyd yn oed os ydyn nhw'n boenus iawn ar y pryd

Er efallai fod y meddyliau yn y golofn ar y chwith yn teimlo yr un mor wir â meddyliau cychwynnol Nia ('dydy e ddim yn fy ngharu i mwyach', 'mae e'n meddwl ei bod hi'n fwy deniadol na fi' neu 'mae e eisiau bod gyda hi mwy na gyda fi'), mae rhywun o'r tu allan yn gallu gweld sut maen nhw'n gwyrdroi realiti.

Edrychwch ar yr enghreifftiau o feddyliau gwyrgam a restrir ym Mhennod 6. Oes un o'r rhain yn berthnasol i chi yn eich sefyllfa bresennol? A fyddai'n fuddiol i chi ddefnyddio rhai o'r technegau cydbwyso meddyliau a awgrymwyd ym Mhennod 6? Neu beth am lunio eich tabl eich hun fel un Nia uchod? Y naill ffordd neu'r llall, edrychwch i weld a allwch chi nodi unrhyw feddyliau gwyrgam rydych chi wedi bod yn eu cael, a gweithio ar eu cydbwyso nhw neu ddarparu gwrthddadleuon rhesymegol ar eu cyfer.

> **COFIWCH HYN**
>
> Waeth pa mor wael neu boenus yw eich sefyllfa, efallai nad yw eich holl ragfynegiadau neu feddyliau negyddol iawn yn gwbl wir. Gweithiwch ar atal eich hun os ydych chi'n ceisio proffwydo'r dyfodol, neu neidio i gasgliadau anghywir yn seiliedig ar eich sefyllfa bresennol. Peidiwch â rhoi mwy o boen i chi'ch hun trwy ddweud na allwch chi byth symud ymlaen na dod dros y sefyllfa hon.

Mewn dinas, ydych chi erioed wedi sylwi pa mor anodd yw hi i weld y sêr yn y nos? Mae hyn oherwydd bod y llygredd golau a gynhyrchir gan adeiladau, goleuadau stryd a cheir yn ein hatal rhag gweld goleuni'r sêr hynny. Y peth gwych yw bod y sêr yn dal i fod yno, ond ein bod ni'n methu eu gweld nhw. Cyn gynted ag y bo'r goleuadau'n cael eu diffodd, neu ein bod yn mynd allan i gefn gwlad, byddwn yn gweld y sêr eto. Mae hyn yn debyg i'r pethau da yn ein bywydau pan ydyn ni mewn poen. Allwn ni ddim gweld unrhyw beth cadarnhaol. Fodd bynnag, mae'n bwysig i ni ein hatgoffa ein hunain eu bod nhw'n dal i fod yno yn rhywle. Pan fydd ein sefyllfa'n newid a'r teimladau poenus yn pylu ychydig, bydd y pethau cadarnhaol yn dechrau dod i'r amlwg ac yn gliriach unwaith eto. Dydy hyn ddim yn golygu gwadu nac osgoi'r pethau negyddol. Maen nhw'n gwbl real. Y peth pwysig yw cydnabod nad oes unrhyw beth yn ddu a gwyn.

6. Peidiwch â bod mor llawdrwm arnoch chi'ch hun

Dydy dwrdio'ch hun gan ddweud eich bod chi'n wan am nad ydych chi'n ymdopi ddim yn debygol o fod yn fuddiol ar hyn o bryd. Darllenwch stori'r parot ym Mhennod 6. Ydy hi'n taro tant? Byddwch yn ffrind i chi'ch hun. Gallwch fod yn gadarn ac annog eich hun i symud ymlaen – ond ar y cyflymder iawn ac mewn ffordd gefnogol, gyfeillgar. Byddwch chi'n sylwi bod hyn yn fwy effeithiol o lawer na dwrdio'ch hun am ymateb mewn ffordd gwbl normal – rhywbeth y byddech chi'n ei ddeall a'i faddau'n rhwydd iawn mewn pobl eraill.

7. Pwyswch ar bobl eraill

Mae arnon ni i gyd angen cefnogaeth ar adegau anodd. Mae'n gallu bod yn anodd iawn cyfaddef bod arnon ni angen help, neu nad ydyn ni'n ymdopi cystal ag y byddem yn ei hoffi. Mae'n gallu gwneud i ni deimlo'n wan neu'n ddiwerth, a bod gan bobl rydyn ni'n gwerthfawrogi eu barn lai o feddwl ohonon ni. Fodd bynnag, yn aml pan ydyn ni'n gwneud y symudiad cyntaf i ofyn am gymorth, cawn ein siomi ar yr ochr orau. Fel arfer, mae pobl yn falch bod rhywun wedi gofyn am eu help. Rydyn ni i gyd yn hoffi teimlo bod ar rywun ein hangen ni a'n bod ni'n ddefnyddiol, ac weithiau mae helpu rhywun arall yn gallu gwneud i ni deimlo'n well am bethau yn ein bywydau ein hunain. Rhowch gyfle i'r bobl o'ch cwmpas chi. Gofynnwch am help – hyd yn oed mewn ffyrdd bach, ymarferol. Mae'n debygol y bydd y canlyniadau'n eich synnu. Byddwch yn ddoeth gyda'ch dewisiadau – dewiswch bobl rydych chi'n credu y byddan nhw'n gefnogol, a rhowch wybod iddyn nhw beth sydd ei angen arnoch chi. Os gallwch fod yn ddigon dewr i ddatgelu eich teimladau a'ch anghenion, mae'n debygol y bydd yr anghenion hynny'n cael eu diwallu. Os na fydd unrhyw un yn cynnig helpu, peidiwch â theimlo'n ddig am hyn – mae gennych chi ddigon i ymdopi ag e ar hyn o bryd.

8. Gwnewch nodyn o bopeth

Mae yna dystiolaeth bod ysgrifennu am ddigwyddiadau negyddol yn gallu helpu pobl i deimlo'n fwy cadarnhaol, a hyd yn oed leihau nifer yr anhwylderau corfforol maen nhw'n eu profi yn y misoedd ar ôl digwyddiad bywyd anodd.

RHOWCH GYNNIG ARNI

Rhowch gynnig ar yr ymarfer hwn. Neilltuwch amser bob dydd dros y diwrnodau nesaf i ysgrifennu am eich profiadau, eich teimladau a'ch ymatebion. Gallwch chi ysgrifennu am yr un peth bob dydd, neu rywbeth gwahanol bob dydd. Peidiwch â meddwl gormod am yr hyn rydych chi'n ei ysgrifennu na phoeni am atalnodi, sillafu, gramadeg na chywirdeb hyd yn oed! Y cyfan sydd angen i chi ei wneud yw ysgrifennu. Yna taflwch yr hyn rydych chi wedi'i ysgrifennu. Peidiwch â darllen drosto. Taflwch e, llosgwch e, ailgylchwch e, rhwygwch e – beth bynnag sy'n gweithio i chi. Nod yr ymarfer hwn yw ein helpu ni i wneud synnwyr o wybodaeth emosiynol a'i phrosesu, sydd wedyn yn ein helpu ni i symud ymlaen. Bydd hefyd yn ein helpu i beidio â chael ein heffeithio cymaint gan straen yn ymwneud â'r profiadau rydyn ni wedi ysgrifennu amdanyn nhw. Efallai y bydd yn dangos i ni hefyd pam mae cadw dyddiadur yn rhywbeth mor boblogaidd.

Pryd mae ymatebion normal i straen yn dod yn broblem iechyd meddwl?

Mae'n ffaith bod digwyddiadau bywyd andwyol weithiau'n gallu arwain at broblemau iechyd meddwl, megis pryder neu iselder. Mae'n anodd iawn i weithwyr proffesiynol ddweud yn union ble mae ymatebion 'normal' yn gorffen a phroblem iechyd meddwl yn cychwyn. I rai pobl, mae addasu i ddigwyddiad bywyd andwyol neu golled yn gallu cymryd amser maith – efallai y bydd yn fisoedd, neu'n flynyddoedd hyd yn oed, cyn i chi deimlo'n well neu deimlo y gallwch chi symud ymlaen â'ch bywyd.

Gyda CBT, argymhellir yn aml na ddylai pobl gael triniaeth weithredol neu ffurfiol yn y misoedd cyntaf ar ôl digwyddiad bywyd negyddol, gan fod trallod – ac iselder a gorbryder hyd yn oed – yn ymateb normal i ddigwyddiad annormal ym mywyd rhywun. Fodd bynnag, mae'n gallu bod yn wir hefyd fod rhai pobl, am ba reswm bynnag, yn ei chael yn anodd symud ymlaen ar ôl digwyddiad bywyd negyddol ac yn teimlo ei bod yn amhosib symud ymlaen neu ailadeiladu eu bywydau.

Os ydych chi'n teimlo bod hyn wedi digwydd i chi, ystyriwch i ddechrau a ydych chi'n disgwyl gormod gennych chi'ch hun, a hynny'n rhy fuan. O ddifrif, oeddech chi wir yn disgwyl y byddech chi 'wedi dod dros y peth' erbyn hyn? Os ydych chi'n teimlo eich bod yn dioddef o iselder neu orbryder, gallai Pennod 4 a Phennod 6 eich helpu chi i ddod o hyd i ffyrdd o fynd i'r afael â hyn. Siaradwch gyda phobl o'ch cwmpas. Ydyn nhw'n credu eich bod chi'n dioddef o iselder? Weithiau, gall eraill farnu hyn yn well na ni. Yn bwysicaf oll, os ydych chi'n teimlo bod pethau allan o reolaeth, ac nad yw'r strategaethau hunangymorth a awgrymir yma yn gweithio, er gwaethaf amser ac ymarfer, gofynnwch am help. Beth yw barn eich meddyg teulu? Mae Pennod 9 yn amlinellu'r ffynonellau sydd ar gael i'ch helpu.

Anhwylder Straen Wedi Trawma (PTSD)

Hyd yma yn y bennod hon, rydyn ni wedi bod yn

trafod digwyddiadau bywyd cyffredin, ond anodd, sy'n achosi straen. Mae'r rhain yn gallu teimlo'n drawmatig, ond mae'r digwyddiadau trawmatig rydyn ni'n edrych arnyn nhw yn yr adran hon ar lefel wahanol. Mae'r mathau o ddigwyddiadau a all arwain at ddatblygu PTSD yn rhai mae pobl yn credu eu bod yn fygythiad iddyn nhw, neu i rywun sy'n agos atyn nhw, ac nad oes dim byd y gallan nhw ei wneud i'w rwystro. Er bod digwyddiadau trawmatig yn anghyffredin, maen nhw'n gallu digwydd i unrhyw un. Mae darllen straeon papur newydd yn gwneud i chi feddwl sut mae pobl yn ymdopi â sefyllfaoedd yn ymwneud ag anafiadau difrifol neu farwolaeth. Mae PTSD yn codi pan fo'r ymatebion normal i ddigwyddiad annormal:

- Yn cychwyn o fewn 6 mis i'r digwyddiad neu'r cyfnod o drawma
- Yn parhau am fwy na 3 mis ar ôl yr amser hwn
- Yn cychwyn dros 6 mis ar ôl y trawma – gelwir hyn yn PTSD wedi'i ohirio.

Mae pobl sy'n dioddef digwyddiadau trawmatig yn teimlo ofn, diymadferthedd neu arswyd dwys. Mae digwyddiadau trawmatig *y tu allan i'n profiad normal*. Felly, dydy ysgariad, profedigaethau (ac eithrio'r rhai a achosir gan ddigwyddiadau trawmatig), colli gwaith, salwch cronig a gwrthdaro priodasol neu ddomestig ddim yn cyfrif fel trawma, er – fel y gwelsom eisoes – eu bod yn gallu arwain at straen dwys, a phryder ac iselder hyd yn oed. Mae gan PTSD gyfres benodol iawn o symptomau, sy'n wahanol i symptomau problemau iechyd meddwl, er efallai y bydd gan ddioddefwyr PTSD elfennau o iselder a phryder hefyd. Mae enghreifftiau o drawmâu cyffredin a all arwain at PTSD yn cynnwys damweiniau traffig ar y ffordd, ymosodiadau, sefyllfaoedd lle ceir ymladd, a chael eich dal mewn trychinebau naturiol neu derfysgaeth.

Ar ôl digwyddiad trawmatig, mae'n gyffredin i'r rhan fwyaf o bobl brofi'r ymatebion canlynol:

- Meddyliau trallodus, atgofion, delweddau, breuddwydion neu ôl-fflachiadau o'r trawma sy'n codi dro ar ôl tro – weithiau bydd yna gyfnodau nad yw'r person yn gallu eu cofio
- Osgoi; lle bo modd, rydych chi'n ceisio osgoi llefydd, pobl, gweithgareddau, meddyliau, teimladau, sgyrsiau neu unrhyw beth arall a all arwain at atgofion neu feddyliau ynghylch y trawma
- Diymadferthedd emosiynol, ymbellhau oddi wrth eraill, anhawster i ddangos teimladau cariadus
- Teimlo bod y dyfodol yn anobeithiol, yn ddibwrpas ac yn debygol o fod yn fyr
- Colli diddordeb a rhoi'r gorau i weithgareddau roeddech chi'n arfer eu mwynhau
- Cynhyrfu mwy – rydych chi'n dychryn yn rhwydd ac yn casáu goleuadau llachar neu sŵn uchel

- Problemau cysgu, teimlo'n biwis, dicter, trafferth canolbwyntio a bod yn fwy gwyliadwrus.

Gall yr ymatebion hyn fod yn gwbl normal ar y cychwyn, ond byddan nhw'n pasio gydag amser ac wrth i chi ddefnyddio rhai strategaethau ymdopi da. Fodd bynnag, i rai pobl, am resymau dydyn ni ddim yn eu deall yn llawn eto, dydy'r symptomau hyn ddim yn gwella a gallan nhw hyd yn oed waethygu dros amser. Ydych chi wedi bod trwy ddigwyddiad trawmatig a phrofi rhai o'r teimladau uchod? Os nad ydyn nhw'n gwella, neu os ydyn nhw'n gwaethygu, efallai y bydd yr ymarferion yn nes ymlaen yn y bennod hon yn ddefnyddiol i chi. Ond os na fydd pethau'n gwella, neu os byddan nhw'n gwaethygu, mae'n bwysig iawn eich bod chi'n cael help proffesiynol, naill ai gan eich meddyg neu gan weithiwr iechyd meddwl proffesiynol cymwys. Mae arweiniad ar sut i ddod o hyd i help o'r fath ym Mhennod 9.

Pam mae ôl-fflachiadau'n digwydd?

Dydyn ni ddim yn gwybod yn union pam mae'r ymennydd yn ailbrofi pethau yn y ffordd mae'n ei wneud yn dilyn trawma. Fodd bynnag, mae seicolegwyr o'r farn ei fod yn ymwneud â'r ffordd mae'r ymennydd yn prosesu digwyddiadau ac yn eu storio fel atgofion. Dychmygwch fod eich cof fel cwpwrdd llieiniau gwraig tŷ (neu ŵr tŷ) trefnus. Mae pob eitem yn cael ei didoli, ei phlygu'n daclus a'i rhoi i gadw mewn ffordd drefnus. Mae'r cynfasau i gyd yn mynd gyda'i gilydd mewn un pentwr, a'r casys gobennydd mewn pentwr arall. Pan fo'r drws ar gau, mae ein hatgofion yn aros dan glo. Pan fo rhywbeth yn digwydd, a ninnau'n dewis agor y drws, gallwn dynnu atgof allan a'i archwilio neu ei ddefnyddio. O bryd i'w gilydd, mae pethau'n disgyn oddi ar y silff a mynd allan drwy'r drws ar adegau rhyfedd neu amhriodol ond, ar y cyfan, rydyn ni'n gallu eu rhoi nhw i gadw eto yn gymharol ddidrafferth.

Nawr dychmygwch fod angen rhoi *duvet* mawr, di-siâp yn y cwpwrdd. Does dim lle iddo. Dydy e ddim yn plygu'n siâp taclus, a does dim gwahaniaeth sawl gwaith rydych chi'n ceisio'i roi i gadw, mae'n cwympo allan drwy'r amser, gan wthio'r drws ar agor. Dyna sy'n digwydd gydag atgofion trawmatig. I gychwyn, mae ein hymennydd yn ei chael hi'n amhosib gwneud synnwyr o'r peth neu brosesu'r mathau hyn o atgofion – efallai am eu bod mor bell oddi wrth ein profiadau normal a'n disgwyliadau arferol. Does dim templed ar eu cyfer nhw. Mae fel petai angen i'n hymennydd ailbrofi'r atgof er mwyn ceisio'i brosesu – i'w roi i gadw. Drwy gydol yr amser nad yw'n cael ei brosesu yn y ffordd arferol, rydyn ni'n profi'r digwyddiad nid fel atgof normal o'r gorffennol ond fel digwyddiad newydd – *fel pe bai'n digwydd yr eiliad hon*. Mae yna rywfaint o dystiolaeth sy'n dangos mai'r rhan o'r ymennydd sy'n gysylltiedig ag atgofion trawmatig yw'r rhan sy'n cysylltu â'n mecanwaith *ffoi, ymladd neu rewi* a drafodwyd ym

Mhennod 4 wrth i ni ystyried gorbryder. Felly, mae ein holl ymatebion gorbryderus yn cael eu sbarduno bob tro mae'r digwyddiad hwn yn codi yn ein meddyliau. Mae ôl-fflachiadau'n gallu bod yn brofiadau dychrynllyd, ond efallai mai dyma ffordd ein hymennydd o geisio gwella'i hun. Yn ffodus, mae yna ffyrdd o helpu eich ymennydd i geisio cyflawni hyn.

Beth *na* ddylech chi ei wneud

Yn eithaf aml, mae pobl yn defnyddio alcohol neu hyd yn oed gyffuriau anghyfreithlon i geisio ymlacio, i'w helpu nhw i gysgu ac i stopio meddwl am y digwyddiad. Yn anffodus, dydy hyn ddim fel arfer yn llwyddo ac mae'n gallu gwaethygu eich problemau trwy ychwanegu dibyniaeth ar alcohol neu gyffuriau atyn nhw. Os byddwch chi'n ceisio boddi eich problemau gydag alcohol, mae'n debygol y byddan nhw'n dysgu sut i nofio!

Beth ddylech chi ei wneud

Gadewch i chi'ch hun dderbyn yr amrywiaeth o deimladau rydych chi'n eu profi. Atgoffwch eich hun eu bod nhw'n gwbl normal dan yr amgylchiadau. Dydyn nhw ddim yn golygu eich bod chi'n 'mynd yn wallgo', 'yn anobeithiol' nac unrhyw enwau di-fudd eraill tebyg rydych chi'n eich galw'ch hun.

Nawr edrychwch ar yr hyn rydych chi'n ei wneud yn wahanol o'i gymharu â'r cyfnod cyn y trawma. Ydych chi'n orwyliadwrus? Os bu i rywun ymosod arnoch chi, ydych chi nawr yn amharod i adael y tŷ ar ôl iddi dywyllu, er eich bod chi'n byw mewn ardal ddiogel? Os yw'r hyn rydych chi'n ei wneud yn orwyliadwrus o'i gymharu â'r hyn roeddech chi'n ei wneud o'r blaen, gwnewch restr o'r pethau rydych chi nawr yn eu hosgoi a dechreuwch eu hwynebu nhw un ar y tro, gan roi cynnig ar yr un rhwyddaf yn gyntaf, o bosib. Gallech ofyn i ffrind neu berthynas fod yn gwmni i chi i ddechrau, ond yna symud ymlaen i'w wneud ar eich pen eich hun, fel roeddech chi'n arfer ei wneud. Ar y cychwyn, efallai y bydd hyn yn codi ofn arnoch chi ond, wrth i chi ailadrodd y broses a gweld nad oes dim byd gwael yn digwydd, rydych chi'n siŵr o sylwi bod eich hunanhyder yn dechrau gwella'n raddol.

Mae'n bwysig iawn eich bod chi'n ailwerthuso'r digwyddiad ei hun, ac o bosib yn trafod y peth gyda rhywun. Efallai y byddwch chi'n dysgu rhywbeth gwerth chweil. Yn achos byrgleriaeth dreisgar, efallai y byddwch chi'n penderfynu gosod larwm lladron ac yn ei ddefnyddio ar gyfer ystafelloedd penodol, hyd yn oed pan fyddwch chi yn y tŷ. Os ydych chi wedi cael damwain car yn gysylltiedig â gyrru mewn amodau tywydd gwael, efallai y byddwch chi'n penderfynu dilyn cwrs gyrru uwch i wella'ch sgiliau. Gweithiwch ar fedru gwahaniaethu rhwng ymagwedd resymol, fwy gwyliadwrus a'r camau mwy eithafol sy'n cael eu mynnu gan eich gorbryder chi'n unig.

Gwahanu'r gorffennol oddi wrth y presennol

Yn aml, mae ein meddyliau'n storio gwybodaeth ar ôl trawma mewn ffordd eithaf cymysglyd. Adeg y trawma, mae popeth yn tueddu i ddigwydd yn gyflym iawn, ac mae pob darn yn gallu cael ei gymysgu â darnau eraill. Yn aml, mae arogl neu sŵn diniwed, neu hyd yn oed ddarn o gerddoriaeth, yn gallu gwneud i chi gofio'r trawma, gan arwain at ôl-fflachiadau o'r digwyddiad cyfan.

Os byddwch chi'n cael profiad tebyg, atgoffwch eich hun mewn ffordd garedig ond cadarn mai'r *gorffennol* oedd hynny, nid y *presennol*. Atgoffwch eich hun ble rydych chi – er enghraifft, mewn car gwahanol – ac atgoffwch eich hun o ddyddiad heddiw, a dyddiad y trawma, i helpu i wahanu'r gorffennol oddi wrth y presennol. Gallwch ddefnyddio'r dechneg hon mewn perthynas ag unrhyw drawma, ac mae'n arbennig o ddefnyddiol os ydych chi'n cael ôl-fflachiadau yn aml.

Ymdopi ag ôl-fflachiadau

Dywedwch wrthych chi'ch hun eich bod chi'n cael ôl-fflachiadau, a bod hynny'n iawn ac yn gwbl normal ymhlith pobl sydd wedi dioddef trawma.

Atgoffwch eich hun bod y gwaethaf drosodd – fe ddigwyddodd e yn y gorffennol ond dydy e ddim yn digwydd nawr. Cofiwch: 'y gorffennol oedd hynny, nid y presennol'. Mae'r rhan ohonoch chi sy'n dioddef y trawma yn rhoi'r atgofion hyn i chi i'w defnyddio i'ch gwella, a waeth pa mor wael rydych chi'n teimlo, fe wnaethoch chi oresgyn yr erchyllter bryd hynny, sy'n golygu y gallwch chi oroesi a dod trwy'r hyn rydych chi'n ei gofio nawr.

Galwch ar y rhan gryfach ohonoch chi i ddweud wrth y rhan sy'n dioddef y trawma nad ydych chi ar eich pen eich hun, nac mewn unrhyw berygl nawr, ac y gallwch chi ddod trwy hyn.

Gadewch i'r rhan ohonoch chi sy'n dioddef y trawma wybod ei bod yn iawn i chi gofio a theimlo'r hyn rydych chi'n ei deimlo, ac y bydd hyn yn eich helpu i wella a dod dros yr hyn a ddigwyddodd i chi. Waeth pa mor anodd yw e i chi, mae eich ymennydd yn ceisio gwella'i hun yr unig ffordd y gall wneud hynny.

Rhowch gynnig ar rai o'r ffyrdd hyn o wella'ch hun trwy ddod yn fwy ymwybodol o'r presennol:

- Sefwch i fyny, stompiwch eich traed, neidiwch i fyny ac i lawr, dawnsiwch o gwmpas, curwch eich dwylo, atgoffwch eich hun o ble rydych chi *nawr*
- Edrychwch o gwmpas yr ystafell gan sylwi ar y lliwiau, y bobl a siapiau pethau – gwnewch y peth yn fwy real
- Gwrandewch a sylwch ar y synau o'ch cwmpas, megis traffig, lleisiau, peiriannau neu gerddoriaeth

- Sylwch ar y synwyriadau yn eich corff, ffin eich croen, eich dillad, y gadair neu'r llawr sy'n eich dal chi
- Pinsiwch eich hun neu ffliciwch fand lastig ar eich arddwrn – rydych chi'n cael y teimlad hwnnw *nawr*. Yn y gorffennol mae'r pethau rydych chi'n eu hailbrofi.

Gofalwch am eich anadlu. Anadlwch yn ddwfn i lawr i'ch diaffram; rhowch eich llaw yno (ychydig uwchben eich botwm bol) ac anadlwch fel bod eich llaw yn cael ei gwthio i fyny ac i lawr. Dychmygwch fod gennych chi falŵn yn eich bol, yn chwyddo wrth i chi anadlu i mewn ac yn dadchwyddo wrth i chi anadlu allan. Pan ydyn ni'n ofnus, rydyn ni'n anadlu'n rhy gyflym a bas, ac mae ein corff yn dechrau cael braw am nad ydyn ni'n cael digon o ocsigen.

Mae hyn yn achosi pendro, yn gwneud i ni deimlo'n fwy sigledig ac yn creu mwy o banig. Bydd anadlu'n arafach ac yn ddyfnach yn stopio'r panig.

Os ydych chi wedi colli ymwybyddiaeth o ble rydych chi'n gorffen a ble mae gweddill y byd yn cychwyn, rhwbiwch eich breichiau a'ch coesau fel bod modd i chi deimlo ymylon eich corff, eich ffin chi. Lapiwch eich hun mewn blanced a theimlwch y blanced yn eich swatio.

Gofynnwch am gymorth os ydych chi'n dymuno. Gadewch i bobl sy'n agos atoch chi wybod am yr ôl-fflachiadau fel y gallan nhw helpu os hoffech chi iddyn nhw wneud hynny. Efallai y bydd hynny'n golygu eich cofleidio chi, siarad gyda chi a'ch helpu i ailgysylltu â'r presennol, er mwyn i chi gofio eich bod bellach yn ddiogel ac yn derbyn gofal.

Mae ôl-fflachiadau yn brofiadau pwerus sy'n llyncu eich holl egni. Pan fyddwch wedi cael ôl-fflachiad, cymerwch amser i ofalu amdanoch chi'ch hun. Gallwch gymryd bath cynnes, hamddenol, neu fynd am gyntun (ddim yr un pryd!), yfed diod boeth, chwarae cerddoriaeth ysgafn neu neilltuo rhyfaint o amser tawel i chi'ch hun. Rydych chi'n haeddu pob gofal ar ôl popeth rydych chi wedi bod trwyddo.

Pan fyddwch chi'n teimlo'n barod, ysgrifennwch bopeth y gallwch ei gofio am yr ôl-fflachiad, a chanolbwyntio ar sut y daethoch chi drwy'r profiad. Bydd hyn yn eich helpu i gofio gwybodaeth ar gyfer gwella ac yn eich atgoffa eich bod wedi dod trwyddi (ac y gallwch chi wneud hynny eto).

Cofiwch nad ydych chi'n wallgof – mae ôl-fflachiadau'n normal ac yn rhan o'r broses wella.

Defnyddiwyd yr adran hon gyda chaniatâd caredig Carol Vivyan.

Cynlluniwch rai gweithgareddau

Ar ôl trawma, yn enwedig un sy'n ymwneud â cholled,

mae'n gallu teimlo fel pe bai popeth yn drech na chi, ac yn ddibwrpas hefyd. Byddwch yn cael eich temtio i wneud fawr ddim. Ond lleia'n y byd y byddwch chi'n ei wneud, gwaetha'n y byd y byddwch chi'n teimlo a bydd popeth yn dechrau dal i fyny â chi. Felly byddwch chi'n teimlo'n waeth fyth, yn gwneud llai fyth, yn gwylio'r problemau'n pentyrru heb wybod lle i gychwyn – ac yn meddwl, 'beth yw'r pwynt?'

Un ffordd allan o'r twll hwn yw dechrau gyda chynllun bras ar gyfer pob diwrnod – un peth i'w wneud yn y bore, un peth i'w wneud yn y prynhawn, a rhywbeth ar gyfer y nos. Ceisiwch gynllunio wythnos ymlaen llaw, gwneud yr hyn mae eich cynllun yn dweud wrthych chi am ei wneud, ac yna cynllunio'r wythnos nesaf. Cofiwch longyfarch eich hun am yr hyn rydych chi wedi'i gyflawni, ond gweithiwch ar beidio â dwrdio'ch hun am yr hyn na wnaethoch chi. Yn hytrach, rhannwch y gweithgarwch yn gamau llai a rhowch nhw ar yr amserlen ar gyfer yr wythnos nesaf.

Symudwch o fod yn aelod o'r gynulleidfa i gyfarwyddo'r ffilm

Mae ôl-fflachiadau'n gallu bod yn annymunol a hyd yn oed yn ddychrynllyd. Un ffordd o ddelio â nhw, fel rydyn ni wedi sôn uchod, yw trwy wahanu'r *gorffennol* oddi wrth y *presennol*. Ateb arall yw darganfod bod gennych chi lefel o reolaeth nad oeddech chi o bosib yn meddwl ei bod gennych chi. Er eich bod chi'n annhebygol o allu atal ôl-fflachiadau, pan fyddan nhw'n cychwyn gallwch arbrofi gyda thrin yr olygfa fel ffilm rydych chi'n ei gwylio. Yn hytrach na bod yn aelod o'r gynulleidfa, cymerwch rôl cyfarwyddwr y ffilm. Dechreuwch addasu'r ôl-fflachiad, gan ei drin fel pe bai'n ffilm yn hytrach nag yn ddigwyddiad go iawn. Dywedwch wrthych chi'ch hun, er bod y peth wedi digwydd, bod yr hyn sy'n mynd trwy eich pen yn rhywbeth mae eich meddwl yn ei greu fel darlun. Dywedwch fod gennych chi'r opsiwn o beidio â gwylio'r ffilm honno eto, a gadewch i chi'ch hun weithio ar ddatblygu diweddglo gwahanol. Mae rhai pobl yn newid y pellter o'r digwyddiad, fel ei fod yn mynd yn fach ac yn bell i ffwrdd; efallai y bydd eraill yn mynd ati i wneud i'r ymosodwr edrych yn hurt, er enghraifft trwy ei ddychmygu mewn siwt clown, yn gwisgo colur clown ac yn cerdded ar ei ddwylo. Mae eraill yn cyflwyno rhywun neu rywbeth cysurlon i'r digwyddiad, fel eu bod nhw'n teimlo eu bod yn derbyn cymorth a chefnogaeth. Y peth pwysig gyda'r dechneg hon, a elwir yn **ailsgriptio delweddau,** *yw nad ydych chi'n gwadu mewn unrhyw ffordd bod y digwyddiad wedi digwydd.* Yr hyn rydych chi'n ei wneud yw bod yn greadigol gyda'ch dychymyg. Does dim rheswm pam bod raid i chi ail-fyw'r digwyddiad *fel roedd e*. Er syndod i chi, byddwch yn darganfod bod gennych chi ddewis ynglŷn â'r hyn rydych chi'n ei wylio yn eich meddwl, ac y gallwch chi ddewis rhywbeth sy'n teimlo'n well mewn rhyw ffordd.

Daw eto haul ar fryn

Yn olaf, mae'n werth cofio bod llawer o bobl sydd wedi gwella ar ôl digwyddiad bywyd trawmatig neu ddigwyddiad sy'n achosi straen wedi dweud, o edrych yn ôl, eu bod nhw erbyn hyn yn ei weld fel ysgytwad pwysig. Yna maen nhw'n dechrau gwneud llawer o newidiadau i'w bywyd na fydden nhw wedi'u gwneud fel arall. Yn wir, fel y dywedodd un awdur, 'mae'r unigolyn yn gallu ei weld ei hun fel person cryfach, doethach a chanddo werth newydd i'w fywyd'. Mae rhai ymchwilwyr yn galw hyn yn **dwf wedi trawma** ac yn credu bod rhywfaint o drallod yn bwysig neu hyd yn oed yn hanfodol i gyflawni'r lefel ddelfrydol o dwf a dysgu mewn bywyd. Mae'n gallu bod yn anodd credu neu gydnabod hyn yn ystod argyfwng, a gall hyd yn oed ddarllen y geiriau yma wneud i chi feddwl ein bod ni'n ansensitif neu'n nawddoglyd. Fodd bynnag, mae'n werth cofio bod y syniad hwn wedi bod gyda ni yng ngweithiau athronwyr ers amser maith. Fel y dywedodd Nietzsche, 'Mae beth bynnag sydd ddim yn fy ninistrio i yn fy ngwneud i'n gryf'.

OS COFIWCH CHI UN PETH

Yn anad dim, cofiwch eiriau Winston Churchill, a chymryd sylw ohonyn nhw:
Os ydych chi'n mynd trwy Uffern, daliwch ati.

8. Cynnal cynnydd a lleihau dychweliadau

Os gallwch chi ddod o hyd i lwybr heb rwystrau,
mae'n debyg nad yw'n arwain i unlle.
Frank A. Clark

Rydych chi wedi cyrraedd y bennod olaf ond un. Gobeithio bod gwahaniaeth mawr rhwng y ffordd rydych chi'n teimlo am bethau nawr a phan ddechreuoch chi'r llyfr hwn. Fodd bynnag, mae'n anffodus bod llawer o'r canfyddiadau a'r teimladau rydyn ni wedi'u trafod yn gallu dychwelyd – am gyfnod byr o leiaf. Bydd cyfnodau anodd yn codi drwy'r amser. Mae ymchwil wedi dangos, er enghraifft, os ydych chi wedi dioddef iselder fwy nag unwaith eich bod chi'n eithaf tebygol o ddioddef iselder eto. Felly, y cwestiwn mawr yw …

Beth allwch chi ei wneud am y peth?

ASTUDIAETH ACHOS – Sara

Mae Sara yn ei thridegau cynnar, a chanddi ddau o blant o dan bump oed. Mae hi'n dioddef iselder ar ôl genedigaeth ei phlentyn ieuengaf, ac yn gweithio trwyddo'n llwyddiannus gan ddefnyddio llawer o'r strategaethau rydyn ni wedi'u trafod. Mae Sara'n cydnabod ei bod hi'n meddwl am bethau negyddol iawn ac mae hi'n ei dwrdio'i hun byth a beunydd am beidio â bod yn fam ddigon da. Mae hi'n sylweddoli mai ofn hirhoedlog o fethu sydd wrth wraidd hyn yn bennaf. Mae Sara'n nodi ei meddyliau negyddol, gan bwyso a mesur y dystiolaeth drostyn nhw yn hytrach na rhagdybio eu bod nhw'n wir. Felly, yn hytrach na rhagdybio ei bod hi'n *gwybod* sut mae pethau mewn teuluoedd eraill, mae hi'n rhoi prawf ar rai meddyliau negyddol trwy arsylwi ar yr hyn mae mamau newydd eraill yn ei wneud ac yn gofyn i rai ohonyn nhw am eu profiadau nhw'u hunain. Mae Sara hefyd yn ymarfer herio'r llais beirniadol yn ei phen, gan ei thrin ei hun yn yr un modd ag y byddai'n trin ffrind oedd yn teimlo'n isel. Mae'n rhannu ei theimladau gyda'i phartner, gan ofyn iddo roi mwy o help iddi, sy'n rhoi rhywfaint o amser iddi hi'i hun. Gan sylwi ei bod hi wedi rhoi'r gorau i wneud pethau roedd hi'n arfer eu mwynhau – fel gweld ei ffrindiau a gwneud ymarfer corff – mae Sara'n dechrau neilltuo amser i weld ei ffrindiau gorau ac yn ymuno â dosbarth ymarfer corff ar gyfer mamau, sy'n cael ei gynnal ar amser cyfleus i ffitio o amgylch y plant. Mae Sara'n dechrau teimlo'n well, ac mae ei bywyd yn dychwelyd i sut roedd e cyn genedigaeth ei hail blentyn.

Fodd bynnag, mae Sara'n dal i gael trafferth gyda meddyliau nad yw hi'n ddigon da ac nad yw hi'n gwneud cystal ag eraill. Mae dadlau gyda'i meddyliau yn waith caled, felly mae hi'n dweud pethau fel 'stopia fod yn ddwl' a 'callia'. Yna, mae gŵr Sara yn colli ei swydd yn sydyn ac mae yna straen yn y cartref. Mae Sara'n teimlo nad yw hi'n gallu ei helpu, ac mae hi unwaith eto'n ei dwrdio'i hun am beidio â bod yn ddigon da. Gan deimlo na all hi ofyn i'w gŵr barhau i'w helpu hi tra mae yntau dan straen, mae hi'n cyfyngu ar y pethau mae'n eu gwneud iddi hi'i hun, fel gweld ffrindiau a mynd i'w dosbarthiadau ymarfer corff. Mae ei gŵr yn dod o hyd i swydd newydd, ond mae ei gyflog yn is a'r oriau'n hirach. Mae Sara yn parhau i gyfyngu ar ei gweithgarwch er mwyn gofalu am ei gŵr a'i phlant. Mae'n sylwi ei bod hi'n dechrau teimlo'n flinedig ac yn anhapus, a fyddwch chi ddim yn synnu o glywed ei bod hi'n dechrau ei dwrdio'i hun eto am hynny – "co ni ... dwi'n dda i ddim, yn teimlo'n isel ac yn druenus pan ddylwn i fod yn ddiolchgar bod gen i blant iach a bod gennym ni arian yn dod i mewn eto – dwi'n gymaint o fethiant!'

Mae ymchwil yn dangos bod iselder ac, yn wir, unrhyw broblemau seicolegol eraill, yn gallu dychwelyd oherwydd – er ein bod ni'n teimlo'n well – rydyn ni'n dal i gadw rhai o'n hen ffyrdd di-fudd o feddwl ac o ymddwyn. Mae hyn yn golygu ein bod ni'n eithaf agored i niwed pan fo bywyd yn mynd o chwith neu'n peri straen. Mae'r hen batrymau'n dychwelyd, ac i lawr â ni ... eto. Er bod llawer ohonom yn gofalu am ein hiechyd corfforol, ac yn gwybod popeth am ddeiet, ymarfer corff, archwiliadau a sgrinio, dydyn ni ddim mor ymwybodol o'n hiechyd meddwl. Mae hi'r un mor bwysig i ni weithio ar ein hiechyd meddwl pan ydyn ni'n iach â phan ydyn ni'n sâl. Mae blaenoriaethu ein lles meddyliol a dysgu cadw'n hunain yn 'ffit' yn feddyliol yn golygu ein bod ni'n llai tebygol o ddisgyn i iselder neu ddatblygu problemau'n ymwneud â phryder pan fo bywyd yn mynd yn straen. Meddyliwch amdano fel colli pwysau. Os ydych chi wir eisiau colli pwysau a gwella siâp eich corff, mae mynd ar ddeiet llym am gyfnod byr cyn dychwelyd i fwyta fel o'r blaen yn gwbl ddi-werth. Byddwch chi'n magu pwysau ac yn dychwelyd i'ch maint gwreiddiol yn gyflym iawn. Os ydych chi wir eisiau colli pwysau a chynnal siâp eich corff, mae'n rhaid i chi newid y ffordd rydych chi'n bwyta – a hynny'n barhaol. Mae'r un peth yn wir am gynnal eich hwyl a'ch iechyd meddwl gwell. I'ch helpu chi i wneud hyn, rydyn ni wedi crynhoi amryw o syniadau a all helpu i'ch gwneud yn fwy gwydn ac yn llai agored i broblemau iechyd meddwl parhaus.

COFIWCH HYN

Mae'n bwysig eich bod chi'n rhoi cymaint o sylw i gynnal eich iechyd meddwl â'ch iechyd corfforol!

Daliwch ati gyda'ch arferion da

Rydyn ni'n gobeithio y bydd y llyfr hwn yn eich helpu chi i ddatblygu llawer o strategaethau defnyddiol i reoli'ch hwyl, eich iechyd meddwl ac, yn wir, bob rhan o'ch bywyd. Gall yr holl syniadau buddiol hyn gael eu rhoi ar waith yn eich bywyd bob dydd, hyd yn oed pan nad ydych chi'n teimlo'n rhy isel neu orbryderus. Gall y strategaethau a drafodir ym Mhennod 4 a Phennod 6 gael eu defnyddio i ddatblygu arferion i'ch cadw chi'n iach, yn hytrach na gwneud i chi deimlo'n well pan fyddwch chi'n cael amser anodd.

Meddyliwch am amserlenni gweithgarwch, er enghraifft. Mae'n bwysig ein bod ni i gyd yn sicrhau bod ein hamserlen wythnosol yn cynnwys gweithgareddau pleserus neu rai sy'n rhoi ymdeimlad o gyflawniad i ni. Os byddwch chi'n cynnwys hyn yn eich wythnos arferol, byddwch yn llai agored i broblemau pan fydd pethau'n sy'n peri straen neu sy'n heriol yn dod i'ch rhan. Yn yr un modd, mae bod yn effro i batrymau meddwl gwyrgam a di-fudd a bod yn ymwybodol o'r ffyrdd rydyn ni'n dehongli'r byd, hyd yn oed pan ydyn ni'n iach, yn gallu gwella ein gwydnwch i'r dyfodol.

> **GAIR I GALL**
>
> Wrth i chi ddechrau teimlo'n well, mae'n gallu bod yn rhwydd anghofio arferion da newydd gan nad ydych chi eu hangen nhw gymaint – ceisiwch eu cynnal er mwyn cadw eich iechyd meddwl mewn cyflwr da.

Pan fo'r felan bob dydd yn troi'n wenwynig – beth sy'n normal?

Mae pawb yn cael diwrnodau gwael. Mae'n gwbl normal teimlo'n drist, yn unig neu'n isel ar adegau yn ein bywydau. Weithiau, rydyn ni'n gwybod yn union pam rydyn ni'n teimlo felly, ond weithiau dydyn ni ddim. Yn anffodus, os ydych chi wedi dioddef iselder, weithiau bydd hyd yn oed hwyliau isel 'normal' yn codi ofn arnoch chi. Byddwch chi'n teimlo ychydig yn benisel neu'n ddi-hwyl, ac yn dechrau poeni bod hyn yn golygu bod eich iselder wedi codi'i ben eto. Mae'n gallu sbarduno cylch o feddyliau negyddol, sy'n gwneud eich hwyliau'n waeth fyth. Mae meddyliau fel 'dyma ni eto, dydw i byth yn mynd i ddod dros hyn' a 'does dim dwi'n ei wneud yn gwneud unrhyw wahaniaeth – fe fydda i wastad yn teimlo'n isel' yn arwain at ymddygiadau di-fudd fel osgoi neu gilio, fel rydyn ni wedi'i ddisgrifio ym Mhennod 6. Yna, mae hyn yn arwain at feddyliau negyddol ac ymddygiadau di-fudd eraill, a chyn i chi wybod beth sy'n digwydd rydych chi wedi dechrau teimlo'n isel eto. Mae'n bwysig iawn eich bod chi'n derbyn y cyfnodau isel heb fynd i banig na'u labelu'n syth fel iselder.

Cofiwch y pwyntiau allweddol hyn:

- Fyddai hi ddim yn normal petaech chi byth yn drist
- Dim ond cyfnod anodd yw hwn

- Byddwch yn weithgar – hyd yn oed os nad ydych chi'n teimlo fel gwneud dim byd; gwnewch rywbeth a allai wella eich hwyl
- Peidiwch ag ildio i'r awydd i gau eich hunan i ffwrdd gyda'ch pen yn eich plu – gwnewch y gwrthwyneb
- Siaradwch gyda rhywun
- Swatiwch ar y soffa ac ymgolli mewn llyfr neu ffilm dda
- Gwnewch unrhyw beth sy'n tynnu'ch sylw oddi ar feddyliau negyddol
- Atgoffwch eich hun na fydd cnoi cil am eich pryderon neu eich meddyliau negyddol yn fuddiol i chi ar hyn o bryd – dydych chi ddim yn cael eich syniadau gorau pan fyddwch chi'n teimlo'n isel
- Os oes angen i chi dreulio diwrnod o dan y *duvet*, yna mae hynny'n iawn o bryd i'w gilydd, ond peidiwch â gwneud arfer ohono
- Peidiwch â'ch dwrdio'ch hun am wneud unrhyw beth sydd, yn eich barn chi, yn ddiog neu'n wamal
- Cydnabyddwch eich anghenion a cheisiwch eu diwallu
- Byddwch yn garedig wrthych chi'ch hun.

Weithiau, pan fydd rhywun wedi bod yn isel, mae'r bobl o'i gwmpas hefyd yn gallu rhagdybio ei fod yn cael pwl arall o iselder os yw'n cael diwrnod gwael. Trafodwch hyn gyda'ch anwyliaid – mae angen iddyn nhw adael i chi gael diwrnodau da a diwrnodau gwael mewn bywyd heb fynd i banig eich bod chi'n cael pwl arall o iselder.

Cadwch lygad am arwyddion cynnar

Pan fyddwn ni wedi gwella o gyfnod o iselder, fe allwn yn aml gael ein temtio i symud ymlaen mor gyflym â phosib a pheidio â meddwl am yr hyn ddigwyddodd. Fodd bynnag, mae dysgu o'r hyn sydd wedi digwydd yn gallu lleihau'r tebygolrwydd y bydd yn digwydd eto. Meddyliwch yn ôl i'r tro cyntaf i chi deimlo'n isel. Mae'n siŵr bod yr iselder wedi gwaethygu'n raddol dros amser. Gofynnwch y cwestiynau canlynol i chi'ch hun:

- Beth ddigwyddodd tua'r adeg honno?
- Pa fath o bethau oedd yn mynd trwy'ch meddwl chi?
- Beth wnaethoch chi roi'r gorau i'w wneud?
- Beth wnaethoch chi fwy ohono?
- Ar beth wnaeth pobl eraill o'ch cwmpas chi sylwi?

Meddyliwch yn ofalus am hyn. Siaradwch gyda'r rhai sy'n agos atoch chi – efallai y byddan nhw wedi sylwi ar bethau nad oeddech chi wedi eu hystyried. Nawr ysgrifennwch gynllun ar eich cyfer chi'ch hun. Beth yw'r arwyddion mae'n rhaid i chi gadw llygad amdanyn nhw? Beth ddylech chi ei wneud os byddwch yn sylwi ar arwyddion cynnar nad yw eich hwyl cystal ag arfer? Gall gwneud hyn eich galluogi chi i oresgyn problemau yn y dyfodol. Ewch i'r afael â phroblemau'n gynnar, cyn iddyn nhw fynd allan o reolaeth. Sylwch ar eich awydd i wneud pethau rydych chi'n gwybod eu bod yn wael i chi, fel osgoi digwyddiadau cymdeithasol neu feddwl am atgofion trist o'r gorffennol. Helpwch eich hun i beidio â gweithredu ar y teimladau hynny – cofiwch efallai nad y peth rydych chi'n teimlo fel ei wneud (fel aros yn y gwely neu ganslo rhywbeth) yw'r peth gorau neu fwyaf buddiol i chi. Rhowch wybod i rywun arall am eich bwriad – gofynnwch am help i nodi problemau a'u datrys cyn iddyn nhw ddechrau amharu'n ddifrifol ar ansawdd eich bywyd.

Dylech ddisgwyl baglu, a dysgu yn sgil hynny

Dydy gwella o unrhyw broblem seicolegol byth yn broses hawdd. Bydd yna wastad rwystrau'n codi, a diwrnodau pan ydych chi'n teimlo eich bod chi'n ôl lle dechreuoch chi. Atgoffwch eich hun nad yw hynny'n wir. Waeth pa mor wael rydych chi'n teimlo ar y pryd, dydy e ddim yn gallu dad-wneud yr hyn rydych chi wedi'i ddysgu o'r cynnydd rydych chi wedi'i wneud yn barod. Os gwnaethoch chi e unwaith, gallwch ei wneud eto, er ei fod yn ymddangos yn anodd iawn ar y pryd. Ceisiwch weld pob problem a magl fel cyfle i ddysgu mwy am gadw'n iach. Peidiwch â neidio i'r casgliad bod hyn yn golygu nad oes dim byd yn gweithio, a bod popeth wedi'i golli – mae dychmygu trychinebau cyn iddyn nhw ddigwydd yn wrthgynhyrchiol. Yn hytrach, ceisiwch nodi'r hyn achosodd i chi faglu y tro hwn. Sut allech chi osgoi'r math hwn o beth yn y dyfodol? Beth fydd angen i chi ei wneud yn wahanol?

> **COFIWCH HYN**
>
> Mae gwella o unrhyw fath o broblem iechyd meddwl wastad yn broses anodd! Bydd disgwyl problemau, a pharatoi ar eu cyfer, yn eich helpu chi i ddysgu ohonyn nhw.

Ceisiwch ymarfer bod yn 'ofalgar'

Ym Mhennod 6, fe ddisgrifion ni ymarfer yn seiliedig ar y cysyniad o **ymwybyddiaeth ofalgar**. Mae ymwybyddiaeth ofalgar wedi dod yn eithaf poblogaidd ym maes iechyd meddwl dros y blynyddoedd diwethaf ond, mewn gwirionedd, mae'n seiliedig ar syniadau sy'n tarddu o'r traddodiadau Bwdhaidd sy'n dyddio'n ôl gannoedd o flynyddoedd. Mae'r syniad wrth wraidd ymwybyddiaeth ofalgar yn un syml iawn – mae'n golygu'r broses o ddod yn ymwybodol o'r hyn sy'n digwydd yn ein meddyliau, o gamu'n ôl ac arsylwi ar y ffordd mae ein meddwl yn gweithio a dod yn ymwybodol o'n meddyliau. Mae dod i arfer ag arsylwi ar eich meddyliau heb gael eich maglu ganddyn nhw, neu heb yr angen i ymateb iddyn nhw, yn gallu bod yn ffordd fuddiol iawn o reoli'ch hwyliau. Atgoffwch eich hun:

- Mai dim ond digwyddiadau meddyliol sy'n digwydd yn ein hymennydd yw meddyliau
- Nad ydyn nhw'n ffeithiau
- Eu bod nhw'n gallu bod yn gywir neu'n anghywir
- Eu bod nhw'n gallu bod yn fuddiol neu'n ddi-fudd i ni
- Ein bod ni'n gallu dewis pa feddyliau rydyn ni'n dal gafael arnyn nhw ac yn gweithredu arnyn nhw, a pha rai rydyn ni'n gadael iddyn nhw fynd.

Pan fydd pobl yn myfyrio, maen nhw'n ymarfer y dechneg ymwybyddiaeth ofalgar hon – gadael i'r meddyliau fynd, a'u gwylio nhw o bellter. Mae'r adran adnoddau ym Mhennod 9 yn dweud wrthych chi ble gallwch chi ddysgu mwy am ymwybyddiaeth ofalgar.

Mynd i'r afael â chredoau negyddol sylfaenol

Yn gynharach, fe fuon ni'n edrych ar y ffordd mae credoau negyddol amdanon ni'n hunain, y byd a phobl eraill yn gallu ein gwneud ni'n agored i broblemau iechyd meddwl megis iselder neu orbryder. Weithiau, hyd yn oed ar ôl i ni wella o'r anawsterau hyn, mae'r safbwyntiau negyddol sylfaenol yn bodoli o hyd; maen nhw'n aros i'w hamlygu eu hunain unwaith eto pan fyddwn ni'n wynebu anawsterau yn ein bywydau, er mwyn iddyn nhw ein baglu ni unwaith eto. Pan fyddwch chi wedi gwella o broblem iechyd meddwl ac yn teimlo'n well, gall hwn fod yn amser gwych i weithio ar newid rhai o'r ffyrdd negyddol hyn o weld y byd. Mae hunan-barch isel a diffyg hyder yn gallu ein gwneud ni'n fwy agored o lawer i broblemau gyda'n hwyliau. Treuliwch rywfaint o amser yn meddwl am eich credoau amdanoch chi'ch hun. Yna dechreuwch gynllunio sut gallwch chi roi prawf ar y credoau hynny – efallai gan ddefnyddio'r syniadau am arbrofion ymddygiad a drafodwyd ym Mhennod 4. Gadewch i'ch hun gydnabod y pethau da amdanoch chi ac am eich byd. Mwya'n y byd y byddwch chi'n creu darlun cadarnhaol ohonoch chi'ch hun, pobl eraill a'r byd yn gyffredinol, lleia'n y byd o bwysau fydd i'r safbwyntiau negyddol hynny, gan leihau'r tebygolrwydd y byddan nhw'n effeithio ar eich hwyl.

Gofalwch am eich perthynas ag eraill

Rydyn ni i gyd yn byw bywydau prysur. Mae'n gallu bod yn anodd iawn blaenoriaethu ein perthynas â phobl eraill. Fodd bynnag, mae ymchwil yn dangos bod perthnasoedd o'r fath yn bwysig iawn i wella iechyd meddwl pawb. Os mai dim ond pan fyddwn ni eu hangen nhw y byddwn ni'n ceisio nesáu at eraill, mae'n debyg iawn y gwelwn ni nad ydyn nhw ar gael. Treuliwch amser yn rheolaidd gyda'r bobl sy'n bwysig i chi.

Cael y cydbwysedd yn iawn

Yn aml, ychydig iawn o gydbwysedd sydd gan bobl sydd â phroblemau yn eu bywydau. Meddyliwch am yr uwch-swyddog sy'n gweithio 60 awr yr wythnos a phrin yn gweld ei deulu; y plymwr sy'n canolbwyntio cymaint ar gynnal ei fusnes fel nad oes ganddo amser i arafu ac ymlacio gyda ffrindiau. A beth am y gweithiwr swyddfa sydd heb amser i wneud ymarfer corff, neu'r fam flinedig â thri o blant bach sydd heb gael sgwrs go iawn gydag oedolyn ers misoedd? Er mai stereoteipiau yw'r rhain, yn aml dyma'r math o bobl sy'n mynd at eu meddyg teulu gyda phroblemau iechyd meddwl. Edrychwch ar eich bywyd a'ch arferion dyddiol chi. Beth sy'n bwysig i chi ei wneud er mwyn cadw'ch hun mor feddyliol iach â phosib? Beth sydd angen ei newid? Mae newidiadau bach sy'n cadw eich bywyd yn gytbwys yn gallu gwneud gwahaniaeth mawr i'ch iechyd meddwl.

Felly, beth allai Sara o'n hastudiaeth achos yn gynharach fod wedi'i wneud yn wahanol yn dilyn ei chyfnod o iselder i leihau'r tebygolrwydd y gallai ddigwydd eto? Mae Sara wedi gwneud yr holl bethau iawn i'w helpu ei hun i wella o'i hiselder. Mae hi wedi gweithio ar ei phatrymau meddwl, mae'n llai beirniadol ohoni'i hun bellach, ac mae wedi dechrau cynnwys pethau yn ei rwtîn i wella ei hwyl. Mae hi wedi rhoi prawf ar rai o'i chredoau negyddol, ac wedi crynhoi tystiolaeth oedd yn cwestiynu'r ffordd roedd hi'n ei gweld ei hun yn sgil ei hiselder, gan ei helpu i deimlo ac ymddwyn yn fwy cadarnhaol a defnyddiol.

Fodd bynnag, wnaeth hi ddim sylweddoli pa mor bwysig fyddai parhau i wneud y pethau hyn pan oedd hi'n iach, ac yn enwedig yn ystod cyfnodau o straen. Aeth hi ddim i'r afael chwaith â'i hunan-barch isel, sy'n golygu ei bod hi'n dal i fod yn agored i iselder. Un ffactor arall yw nad oedd hi a'i gŵr wedi trafod sut i weithio gyda'i gilydd i atal ei hwyliau rhag disgyn unwaith eto. Yn olaf, doedd hi ddim mewn gwirionedd wedi newid ei barn am ei rôl hi yn y berthynas, na chydnabod pa mor bwysig yw ei bod yn teimlo'n dda am ei rôl fel gwraig a mam, er nad yw hyn yn cynnwys cynyddu incwm ei theulu. Yn sicr, dydy hi ddim wedi cydnabod faint mae hi'n ei wneud – gwaith y byddai'n rhaid i'r teulu dalu rhywun arall i'w wneud fel arall.

Y newyddion da? Dydy hi byth yn rhy hwyr. Ar ôl yr ail bwl hwn o iselder, mae Sara'n dechrau dysgu. Mae hi'n sicrhau ei bod yn creu strwythurau a fydd yn parhau'n gadarn mewn cyfnodau da a chyfnodau o straen, ac mae'n dod i gytundeb â'i gŵr ynglŷn â hyn. Mae hi hefyd yn gweithio'n galed i feithrin ei hunan-barch. Mae Sara'n dysgu sut i gydnabod y pethau da mae hi'n eu gwneud, mae'n dechrau gwerthfawrogi ei chyfraniad ac yn treulio amser yn datblygu sgiliau mae hi'n gwybod eu bod ganddi, ac y gall hi ymfalchïo ynddyn nhw. A'r canlyniad? Mae Sara yn teimlo'n well amdani hi'i hun ac mae mewn sefyllfa well i ymdopi pan fydd straen anochel bywyd teuluol yn codi'i ben unwaith eto.

Yn bwysicaf oll, mae Sara yn magu cryfder trwy ei hatgoffa'i hun o ymadrodd sy'n ei helpu hi drwy'r cyfnodau anodd. Cofiwch, os oes problemau roeddech chi'n meddwl eich bod wedi'u goresgyn yn codi eu pen eto, fel yn achos Sara, mae'n werth atgoffa'ch hun o'r un ymadrodd hwnnw:

> *Bydd y cyfnod hwn, hefyd, yn pasio.*

9. Beth nawr? Adnoddau defnyddiol eraill

Rydyn ni'n gobeithio bod y llyfr hwn wedi bod yn ddefnyddiol ac yn ddiddorol i chi. Fodd bynnag, mae llawer o adnoddau eraill a all eich helpu i oresgyn anawsterau neu wneud y newidiadau bywyd yr hoffech chi eu gwneud. Mae'r rhan fwyaf o bobl yn elwa o gael nifer o ffynonellau cymorth. Mae'r bennod hon yn cynnwys yr adnoddau a argymhellir gennym ar gyfer cael gafael ar help ychwanegol os ydych chi'n wynebu gorbryder, iselder neu broblemau emosiynol eraill. Rydyn ni hefyd wedi cynnwys adnoddau ar gyfer pobl sy'n wynebu anawsterau gyda'u perthnasoedd neu sydd â phroblemau'n ymwneud â rheoli cyflyrau iechyd corfforol neu boen cronig. Mae'r adnoddau'n amrywio o bobl yn eich cylch agos i wasanaethau proffesiynol a gwirfoddol, i ddewisiadau hunangymorth ychwanegol. Mae'r rhan fwyaf o'r adnoddau hyn yn rhoi gwybod i chi am ffynonellau cymorth eraill, ond rydyn ni wedi cynnwys rhai sy'n cynnig mathau gwahanol o gymorth hefyd. Ar ôl darllen y llyfr hwn, efallai yr hoffech fwrw golwg ar rai o'r llyfrau, gwefannau, CDs a DVDs gwych eraill sydd ar gael.

Beth sy'n iawn i chi?

Porwch drwy'r amrywiaeth o adnoddau isod. Yn y tabl canlynol, rhestrwch y rhai rydych chi'n bwriadu rhoi cynnig arnyn nhw. Efallai yr hoffech chi ychwanegu adnoddau eraill rydych chi wedi dod o hyd iddyn nhw at y tabl, a hyd yn oed wneud nodiadau o'r hyn rydych chi'n ei ddarganfod wrth roi cynnig arnyn nhw.

Adnoddau dwi'n ymchwilio iddyn nhw
Adnoddau ychwanegol dwi wedi'u darganfod
Fy sylwadau ar yr adnoddau dwi wedi ymchwilio iddyn nhw

Teulu a ffrindiau

Mae bron pawb yn troi at ffrindiau neu deulu am help o bryd i'w gilydd, ac rydyn ni'n sicr yn eich annog i wneud hynny. Er ei bod yn debygol na fydd gan eich ffrindiau a'ch teulu yr arbenigedd i wneud mwy na'ch cefnogi chi a gwrando arnoch chi, gall hyn fod yn hynod werthfawr ar adegau anodd. Mae llawer o sefydliadau sy'n darparu cymorth a gwybodaeth i'ch teulu a'ch ffrindiau hefyd, os ydyn nhw eisiau eich cefnogi ond heb fod yn siŵr sut i wneud hynny. Anogwch nhw i ddod o hyd i wybodaeth o'r ffynonellau sy'n cael eu hawgrymu.

Ceisiwch osgoi gwneud i'ch anwyliaid deimlo'n gyfrifol am eich iechyd meddwl. Gall gwneud hynny beryglu eich perthynas, ac mae'n annhebygol o'ch helpu chi yn y pen draw. Rhaid i chi gymryd perchnogaeth o'r dasg o fynd i'r afael â'ch anawsterau, o wella ac o gynnal gwelliannau ac ymdopi ag unrhyw byliau pellach. Fel arall, gofynnwch am help proffesiynol os ydych chi'n teimlo na allwch chi wneud hyn ar eich pen eich hun.

Dod o hyd i help proffesiynol

Mae sawl ffordd o gael gafael ar help proffesiynol ar gyfer eich anawsterau. Bydd llawer o'r mathau o weithwyr proffesiynol a nodir yma yn cynnig CBT; efallai y bydd rhai yn cynnig gwahanol fathau o therapi seicolegol. Cyn i chi ddechrau gweithio gyda gweithiwr proffesiynol, rydyn ni'n argymell i chi sicrhau ei fod wedi derbyn hyfforddiant yn y triniaethau hynny sydd â sail dystiolaeth gadarn iddyn nhw ac a argymhellir gan y Sefydliad Cenedlaethol dros Ragoriaeth mewn Iechyd a Gofal (NICE) ar gyfer eich cyflwr. Mae mwy o wybodaeth am hyn ar wefan NICE – www.nice.org.uk. Mae bob amser yn syniad da i gael gwybodaeth am y mathau o driniaethau a allai fod yn fuddiol i chi. Peidiwch â bod ag ofn gofyn am yr hyn rydych chi'n meddwl sydd ei angen arnoch chi – ond byddwch yn agored hefyd i newid eich meddwl os cewch eich cynghori mai dull o fath gwahanol fyddai orau.

Y Gwasanaeth Iechyd Gwladol (GIG)

Mae yna wastad bosibilrwydd mai problemau iechyd corfforol sy'n gyfrifol am eich gorbryder, eich iselder neu'ch anawsterau emosiynol eraill. Eich meddyg teulu yw'r person i benderfynu a allai hynny fod yn wir, a gall eich atgyfeirio at y gweithiwr iechyd meddwl proffesiynol priodol os bydd angen. Felly, mae'n syniad da i chi fynd i weld eich meddyg teulu yn gyntaf.

Eich meddyg teulu yw'r ddolen gyswllt gyntaf ar gyfer gwasanaethau seicolegol, a bydd yn gallu asesu eich symptomau a'ch cynghori ar wasanaethau sydd ar gael yn eich ardal chi. Mae gwasanaethau'n amrywio o ardal i ardal o ran y mathau o driniaeth a ddarperir, amseroedd aros, a nifer y sesiynau y gellir eu cynnig. Mae gan lawer o feddygfeydd teulu gwnselwyr mewnol a all weithio mewn gwahanol ffyrdd, gan gynnwys CBT o bosib. Yn ogystal, os ydych chi dros 18 oed, mewn sawl rhan o'r Deyrnas Unedig bydd eich meddyg teulu yn gallu cael gafael ar wasanaethau newydd o'r enw gwasanaethau IAPT (Improving Access to Psychological Therapies). Am ragor o o wybodaeth, ewch i www.iapt.nhs.uk. Bydd pob gwasanaeth IAPT yn cynnig CBT fel un driniaeth bosib. Os oes gennych chi ddiddordeb mawr mewn CBT, dylech roi gwybod i'ch meddyg teulu.

Bydd rhai gwasanaethau IAPT yn eich galluogi chi i'ch atgyfeirio eich hun. Fel arfer, gallwch ddod o hyd i'r rhain trwy chwilio ar y rhyngrwyd am wasanaethau IAPT yn eich ardal chi. Yn aml, byddan nhw'n cynnig apwyntiadau y tu allan i oriau gwaith arferol er mwyn gwneud help yn fwy hygyrch i bobl sy'n gweithio.

Os ydych chi o dan 18 oed, bydd eich meddyg teulu yn gallu eich atgyfeirio at ffynonellau help penodol ar gyfer pobl ifanc a'u teuluoedd.

Os bydd eich meddyg teulu yn teimlo bod eich anawsterau yn fwy difrifol, efallai y bydd yn argymell y dylech chi gael eich atgyfeirio at Dîm Iechyd Meddwl Cymunedol (CMHT). Fel arfer, mae'r timau hyn yn cynnwys seiciatryddion, nyrsys seiciatrig, seicolegwyr clinigol, therapyddion galwedigaethol a gweithwyr cymdeithasol. Efallai y bydd ganddyn nhw rai gweithwyr cymorth iechyd meddwl hefyd. Gall unrhyw un o'r gweithwyr proffesiynol hyn fod yn rhan o'ch gofal. Yn aml, bydd y seicolegwyr clinigol yn y timau hyn yn gallu darparu CBT.

Mewn rhai ardaloedd, bydd seicolegwyr clinigol weithiau'n gweithio mewn gofal sylfaenol. Bydd ganddyn nhw gymhwyster doethurol a gafwyd oherwydd eu bod wedi derbyn hyfforddiant eang mewn deall a thrin problemau iechyd meddwl. Maen nhw'n arfer therapi seicolegol yn bennaf, sy'n cynnwys sesiynau un-i-un neu sesiynau grŵp lle rydych chi'n gweithio gyda'ch gilydd ar oresgyn eich anawsterau. I gael y canlyniadau gorau, gofalwch fod eich seicolegydd yn gyfarwydd â therapïau gwyddonol dilys, ac os oes gennych chi ddiddordeb penodol mewn CBT, gofynnwch am hyn. Os hoffech chi weld seicolegydd clinigol, holwch eich meddyg teulu.

Gair bach sydyn am feddyginiaeth – efallai y bydd eich meddyg teulu yn teimlo y dylech chi roi cynnig ar feddyginiaeth ar gyfer eich cyflwr. Efallai y bydd yn gofyn i chi fynd i weld seiciatrydd hefyd i gael barn fwy arbenigol ar ba feddyginiaeth all fod yn addas i chi. Meddygon sy'n arbenigo mewn salwch meddwl yn hytrach na salwch corfforol yw seiciatryddion. Maen nhw wedi derbyn hyfforddiant eang mewn llunio diagnosis o anhwylderau meddyliol a'u trin. Mae'r rhan fwyaf o seiciatryddion yn defnyddio meddyginiaeth i drin yr anhwylderau hyn, ac fe allan nhw eich helpu chi i reoli unrhyw sgileffeithiau y gallai'r feddyginiaeth eu hachosi. Mae llawer o bobl yn poeni am gymryd meddyginiaeth. Fodd bynnag, rydyn ni'n argymell na ddylech chi ddiystyru hyn yn syth. Gall meddyginiaeth fod yn fuddiol iawn i bobl, a gall weithio'n dda weithiau ochr yn ochr â therapïau seicolegol (er efallai na fydd hyn yn wir mewn achosion o orbryder – gweler Pennod 4). Rydyn ni wedi trafod meddyginiaeth mewn rhan arall o'r llyfr hwn, felly ewch i Bennod 6 i gael mwy o wybodaeth am hyn. Bydd eich meddyg yn gallu trafod eich holl gwestiynau gyda chi. Mae cyfoeth o wybodaeth ar gael ar y rhyngrwyd hefyd, ond cofiwch ddewis a dethol yn ofalus yr hyn rydych chi'n ei ddarllen. Mae gan Goleg Brenhinol y Seiciatryddion wybodaeth ddefnyddiol am feddyginiaeth ar ei wefan: www.rcpsych.ac.uk.

Gofal iechyd preifat

Os oes gennych chi yswiriant iechyd preifat, mae'n bosib ei fod yn cynnwys yswiriant ar gyfer therapi seicolegol. Efallai y byddwch chi hefyd yn dewis talu am therapi preifat. Unwaith eto, yn aml y peth gorau i'w wneud yw ymgynghori â'ch meddyg teulu, ond gall meddygaeth breifat gynnig dewis ehangach o therapyddion penodol a therapïau, gan gynnwys therapïau cyflenwol. Fel arfer, mae gan gwmnïau yswiriant restr o'r ymarferwyr maen nhw'n eu cydnabod. Fodd bynnag, efallai na fydd llawer o therapyddion ar y rhestrau hyn, er eu bod yn gymwys.

Mae gan wahanol sefydliadau proffesiynol restrau o ymarferwyr cymwys. Os oes gennych chi ddiddordeb penodol mewn dod o hyd i therapydd CBT, rydyn ni'n argymell y dylech edrych yn gyntaf ar wefan Cymdeithas Seicotherapïau Ymddygiadol a Gwybyddol Prydain – www.babcp.com. Mae sefydliadau eraill sydd â rhestrau o therapyddion preifat cymwys sy'n cynnig gwahanol fathau o therapi seicolegol (weithiau'n cynnwys CBT) yn cynnwys Cymdeithas Seicolegol Prydain (www.bps.org.uk), Cyngor Seicotherapi y Deyrnas Unedig (www.psychotherapy.org.uk) a Chymdeithas Cwnsela a Seicotherapi Prydain (www.bacp.co.uk).

Cyn i chi wneud apwyntiad, rydyn ni'n argymell yn gryf y dylech holi am gymwysterau unrhyw un yr hoffech chi ei weld. Ar wefan pob sefydliad proffesiynol mae yna 'gyfleuster chwilio am ymarferydd' i'ch helpu chi. Os oes rhywun wedi'i achredu gan un o'r cyrff proffesiynol hyn, bydd hynny'n golygu ei fod wedi ennill cymwysterau priodol yn ei faes arbenigedd penodol. Dylai unrhyw weithiwr proffesiynol fod yn barod i drafod ei gymwysterau a'i ddull o weithio os oes gennych chi gwestiynau yr hoffech eu gofyn.

Llyfrau hunangymorth

Mae yna beth wmbreth o lyfrau hunangymorth ar gael mewn siopau llyfrau a llyfrgelloedd. Mae'n gallu bod yn anodd iawn gwybod ble i ddechrau! Mae'n bwysig bod yn ymwybodol o'r ffaith nad yw pob un o'r llyfrau hyn yn seiliedig ar driniaethau sydd wedi'u dilysu'n wyddonol. Dydy hyn ddim yn golygu na fyddan nhw'n eich helpu chi fel unigolyn, ond mae'n debygol y byddwch chi'n teimlo'n fwy hyderus yn defnyddio llyfr sydd â sail dystiolaeth gref a chlir iddo. Isod, fe welwch restr o'r llyfrau sydd wedi bod yn fwyaf defnyddiol i ni a'n cleifion. Mae'r llyfrau hyn yn rhoi help cadarn yn seiliedig ar strategaethau yr ymchwiliwyd yn drwyadl iddyn nhw ar gyfer lleddfu straen emosiynol. Er bod y rhan fwyaf yn seiliedig ar egwyddorion CBT, mae rhai'n cynnig dulliau amgen a allai, yn ein barn ni, weithio'n dda ochr yn ochr â thechnegau CBT. Mae rhai'n eithaf newydd ac eraill yn hŷn ond yn dal i fod yn berthnasol iawn i bobl heddiw. Yn amlwg, nid dyma'r unig lyfrau da sydd ar gael, ond dyma'r rhai rydyn ni'n eu hargymell amlaf.

Llyfrau gan yr awduron

Overcoming Depression for Dummies gan Elaine Iljon Foreman, Laura L. Smith a Charles H. Elliott (Wiley, 2008).

Overcoming Anxiety for Dummies gan Elaine Iljon Foreman, Charles H. Elliott a Laura L. Smith (Wiley, 2008).

Anxiety and Depression Workbook for Dummies gan Elaine Iljon Foreman, Charles H. Elliott a Laura L. Smith (Wiley, 2009).

Fly Away Fear: Overcoming Fear of Flying gan Elaine Iljon Foreman a Lucas Van Gerwen (Karnac, 2008).

Llyfrau ar iselder
CBT

Choosing to Live: How to Defeat Suicide through Cognitive Therapy gan Thomas E. Ellis a Cory F. Newman (New Harbinger Publications Inc., 1996).

Cognitive Therapy of Depression gan Aaron T. Beck, A. John Rush, Brian F. Shaw a Gary Emery (Guilford Press, 1987).

Overcoming Depression gan Paul Gilbert (Robinson, 2000).

Goresgyn Diffyg Hunan-werth gan Melanie Fennel (Y Lolfa, 2020).

Overcoming Depression: A Five Areas Approach gan Chris Williams (Arnold, 2001).

Overcoming Depression One Step at a Time gan Michael E. Addis a Christopher R. Martell (New Harbinger Publications Inc., 2004).

Dulliau amgen

The Mindful Way through Depression: Freeing Yourself

From Chronic Unhappiness gan Mark Williams, John Teasdale, Zindel Segal a Jon Kabat-Zinn (Guilford Press, 2007).

Llyfrau ar orbryder, ffobiâu, panig a straen
CBT

Master Your Panic and Take Back Your Life! gan Denise Beckfield (Impact Publishers, 2000).

Mastery of Your Anxiety and Panic gan David Barlow a Michelle Craske (Gwasg Prifysgol Rhydychen, 2007).

Mastery of Your Anxiety and Worry gan Michelle Craske, David Barlow a Tracy O'Leary (The Psychological Corporation, 1992).

The Relaxation and Stress Reduction Workbook gan Martha Davis, Elizabeth Eshelman a Matthew McKay (MJF Books, 1995).

Overcoming Anxiety: A Five Areas Approach gan Chris Williams (Hodder Arnold, 2003).

Goresgyn Gorbryder gan Helen Kennerley (Y Lolfa, 2020).

Overcoming Panic and Agoraphobia Self-Help Course: A Three Part Programme Based on Cognitive Behavioural Techniques gan Derrick Slove a Vijaya Manicavasagar (Robinson, 2006).

The Anxiety & Phobia Workbook gan Edmund J. Bourne (New Harbinger Publications Inc., 2005).

Dulliau amgen

Embracing Uncertainty gan Susan Jeffers (Hodder & Stoughton, 2003).

Feel the Fear and Do It Anyway gan Susan Jeffers (Vermilion, 2007). Ailargraffiad a diweddariad o lyfr a gyhoeddwyd yn gyntaf ym 1987.

Learn to Relax: Proven Techniques for Reducing Stress, Tension and Anxiety – and Promoting Peak Performance gan C. Eugene Walker (Wiley, 2000).

Llyfrau ar orbryder cymdeithasol neu swildod CBT

The Shyness and Social Anxiety Workbook: Proven Techniques for Overcoming Your Fears gan Martin Antony a Richard Swinson (New Harbinger Publications Inc., 2000).

Dying of Embarrassment: Help for Social Anxiety and Phobia gan Cheryl Carmin, Alec Pollard, Teresa Flynn a Barbara Markway (New Harbinger Publications Inc., 1992).

Overcoming Social Anxiety and Shyness gan Gillian Butler (Robinson, 2009).

Llyfrau ar gyfer gwell iechyd meddwl yn gyffredinol
CBT

Mind Over Mood: Change How You Feel by Changing the Way You Think gan Dennis Greenberger a Christine A. Padesky (Guilford Press, 1995).

The Feeling Good Handbook gan David D. Burns (Plume, 2000).

Reinventing your Life gan Jeffrey E. Young (Penguin, 1998).

Manage your Mind gan Gillian Butler a Tony Hope (Gwasg Prifysgol Rhydychen, 1995).

Dulliau Eraill

Authentic Happiness: Using the New Positive Psychology to Realize Your Potential for Lasting Fulfillment gan Martin E. P. Seligman (Free Press, 2004).

Feeling Better, Getting Better, Staying Better: Profound Self-Help Therapy for Your Emotions gan Albert Ellis (Impact Publishers Inc., 2001).

The Four Agreements gan Don Miguel Ruiz (Amber-Allen, 1997).

Healing Without Freud or Prozac: Natural Approaches to Curing Stress, Anxiety and Depression gan David Servan-Schreiber (Rodale International Limited, 2005).

Mindful Recovery: A Spiritual Path to Healing from Addiction gan Thomas Bien a Beverly Bien (Wiley, 2002).

The Power of Now: A Guide to Spiritual Enlightenment gan Eckhart Tolle (New World Library, 2003).

Self-Coaching: How to Heal Anxiety and Depression gan Joseph Luciani (Wiley, 2001).

Llyfrau i helpu gyda phroblemau perthynas CBT

Love Is Never Enough: How Couples Can Overcome Misunderstandings, Resolve Conflicts, and Solve Relationship Problems Through Cognitive Therapy gan Aaron T. Beck (HarperCollins, 1989).

The Seven Principles for Making Marriage Work gan John M. Gottman a Nan Silver (Three Rivers Press, 2000).

Llyfrau i helpu gyda phroblemau corfforol a phoen CBT

Overcoming Chronic Pain: A Self-Help Guide Using Cognitive Behavioural Techniques gan Frances Cole, Hazel Howden-Leach, Helen McDonald a Catherine Carus (Robinson, 2005).

Coping Successfully with Pain gan Neville Shone (Sheldon Press, 2002).

Coping with Chronic Fatigue gan Trudie Chalder (Sheldon Press, 1995).

Dulliau amgen

Full Catastrophe Living: Using the Wisdom of Your Body and Mind to Face Stress, Pain, and Illness gan Jon Kabat-Zinn (Delta, 1990).

Full Catastrophe Living: How to Cope with Stress, Pain and Illness Using Mindfulness Meditation gan Jon Kabat-Zinn (Piatkus, 2001).

Gwefannau ac adnoddau electronig defnyddiol

Rydyn ni wedi nodi sawl ffynhonnell hunangymorth a help proffesiynol ychwanegol. Os byddwch chi'n teipio *'depression'*, *'anxiety'*, *'self-help'* neu dermau tebyg i mewn i beiriant chwilio, byddwch yn dod ar draws llu o adnoddau o bob math. Byddwch yn ofalus, fodd bynnag, gan fod y rhyngrwyd yn cynnwys miloedd o hysbysebion a gimics, yn ogystal ag adnoddau gwerthfawr a dibynadwy. Byddwch yn arbennig o wyliadwrus o sefydliadau sy'n swnio'n swyddogol ond sy'n hyrwyddo deunyddiau drud. Peidiwch â chredu addewidion hurt am iachâd sydyn ar gyfer unrhyw broblemau, yn seicolegol neu fel arall. Wrth edrych ar unrhyw wefan, cofiwch bwyso a mesur a gwneud ymholiadau ynglŷn â dibynadwyedd y ffynhonnell wybodaeth. Chwiliwch i weld a oes gan yr awduron hyfforddiant a chymwysterau cydnabyddedig.

Mae llawer o fforymau ar y we yn cynnwys ystafelloedd sgwrsio ar gyfer pobl a chanddynt bob math o broblemau emosiynol. Os byddwch chi'n eu defnyddio i gael cymorth, cofiwch nad oes gennych chi unrhyw syniad â phwy rydych chi'n siarad wrth ymuno â fforwm ar y we. Efallai mai ychydig iawn y bydd eraill yn y fforwm yn ei wybod am eich anhawster penodol chi neu, yn waeth fyth, efallai y byddan nhw'n ceisio manteisio ar rywun mewn trallod. Fodd bynnag, os ydych chi'n ymwybodol o'r problemau posib hyn, ac yn cymryd pob gofal, efallai y gwelwch chi fod y fforymau yma'n gefnogol ac yn fuddiol. Byddwch yn wyliadwrus, a pheidiwch â chael eich denu at gyfathrebu di-fudd a all fod yn esgus cynnig cymorth.

Rydyn ni wedi llunio rhestr o rai gwefannau dilys sy'n darparu gwybodaeth ragorol am amrywiaeth o faterion emosiynol. Rydych chi'n fwy tebygol o ddod o hyd i wybodaeth o safon uchel ar wefannau a ddarperir gan sefydliadau llywodraethol, proffesiynol ac elusennol. **Rydyn ni wedi canolbwyntio ar y Deyrnas Unedig, ond bydd gan y rhan fwyaf o wledydd eu fersiynau eu hunain.**

Sefydliadau proffesiynol

Yn ogystal â darparu gwybodaeth i'r cyhoedd, mae'r rhan fwyaf o'r sefydliadau proffesiynol isod yn cyhoeddi'r codau ymarfer ar gyfer eu proffesiwn ac yn sicrhau eu bod yn cael eu dilyn. Mae'r codau ymarfer hyn yn sicrhau bod cyflogwyr, cyd-weithwyr, defnyddwyr gwasanaethau, gofalwyr a'r cyhoedd yn gwybod pa safonau y gallan nhw eu disgwyl gan y proffesiwn cofrestredig hwnnw. Maen nhw'n diogelu'r cyhoedd trwy ofyn am safonau uchel o ran addysg, ymddygiad ac ymarfer gan bob aelod o'r proffesiwn.

Cymdeithas Seicolegol Prydain www.bps.org.uk
Mae'r BPS yn darparu gwybodaeth am driniaeth a ffeithiau am amrywiaeth o anhwylderau emosiynol. Mae'n cadw cofrestr hefyd o seicolegwyr cymwys a gwybodaeth am eu meysydd arbenigol.

Cymdeithas Seicotherapïau Ymddygiadol a Gwybyddol Prydain www.babcp.com
Mae gan y BABCP wybodaeth ar gyfer y cyhoedd am orbryder ac anhwylderau meddyliol eraill. Mae gan y gymdeithas restr o therapyddion a chanddynt gymwysterau CBT mewn amrywiaeth o broffesiynau craidd, gan gynnwys seicoleg glinigol, nyrsio, meddygaeth, gwaith cymdeithasol a seicotherapi.

Coleg Brenhinol y Seiciatryddion www.rcpsych.ac.uk
Mae Coleg Brenhinol y Seiciatryddion yn darparu gwybodaeth a thaflenni ffeithiau cynhwysfawr.

Y Cyngor Proffesiynau Iechyd a Gofal www.hcpc-uk.org
Mae'r HCPC yn rheoleiddiwr ar gyfer proffesiynau penodol, gan gynnwys seicolegwyr, ac fe'i sefydlwyd

i warchod y cyhoedd. Mae ganddyn nhw gofrestr o weithwyr iechyd proffesiynol sy'n bodloni'r safonau gofynnol o ran eu hyfforddiant, sgiliau proffesiynol ac ymddygiad.

Sefydliadau gwirfoddol sy'n cynnig gwybodaeth a chymorth

Anxiety UK www.anxietyuk.org.uk

Mae'r sefydliad hwn yn cael ei arwain gan ddefnyddwyr sydd, neu a oedd, yn dioddef anhwylderau gorbryder, a chaiff ei gefnogi gan banel cyngor meddygol proffil-uchel. Maen nhw'n gweithio gyda phobl sy'n dioddef anhwylderau gorbryder, gan ddarparu gwybodaeth, cymorth a dealltwriaeth trwy gyfrwng ystod eang o wasanaethau, gan gynnwys therapi un-i-un, cymorth dros y ffôn a grwpiau.

ChildLine Cymru www.childline.org.uk

Gwasanaeth cwnsela ar gyfer plant a phobl ifanc yw ChildLine. Maen nhw ar gael dros y ffôn ar 0800 1111 neu drwy e-bost o'r wefan. Maen nhw hefyd yn cynnig sgwrs un-i-un, neu gallwch anfon neges atyn nhw – gallwch bostio negeseuon ar negesfyrddau ChildLine ac anfon neges destun. Gallwch gysylltu â ChildLine ar unrhyw fater – does yr un broblem sy'n rhy fawr nac yn rhy fach. Efallai eich bod chi'n teimlo'n ofnus neu eisiau siarad gyda rhywun. Efallai y byddwch chi eisiau siarad am deimlo'n unig, neu am y ffaith nad oes neb yn eich caru chi, pryderon am y dyfodol, problemau ysgol, bwlio, cyffuriau, beichiogrwydd, HIV ac AIDS, camdriniaeth gorfforol a rhywiol, rhedeg i ffwrdd a phryderon am rieni, brodyr, chwiorydd a ffrindiau a throseddau yn eich erbyn.

Mind Cymru www.mind.org.uk/about-us/mind-cymru-cymraeg
Mind yw'r gymdeithas genedlaethol ar gyfer iechyd meddwl; mae'n darparu gwybodaeth a chyngor o safon uchel, ac yn cynnal ymgyrchoedd i hyrwyddo a diogelu iechyd meddwl i bawb. Mae ganddyn nhw daflenni ffeithiau defnyddiol iawn, a gwybodaeth am weithgareddau a grwpiau yn eich ardal chi.

Y Gymdeithas Genedlaethol er Atal Creulondeb i Blant
www.nspcc.org.uk
Mae'r NSPCC ar gael i ddarparu cyngor i oedolion sy'n poeni am blentyn. Os oes gennych chi bryder difrifol am blentyn yn cael ei drin yn wael, a'ch bod am hysbysu rhywun amdano, neu os oes angen cyngor arnoch chi ynglŷn â lles plentyn, maen nhw ar gael i helpu. Does dim rhaid i chi ddweud pwy ydych chi, ac os ydych chi'n ffonio, dydyn nhw ddim yn gwybod o ble rydych chi'n gwneud yr alwad. Y rhif ffôn yw 0808 800 5000.

No More Panic www.nomorepanic.co.uk
Mae'r wefan hon yn darparu gwybodaeth werthfawr i ddioddefwyr ac aelodau teuluoedd y rhai sy'n dioddef o banig, gorbryder, ffobiâu ac anhwylderau gorfodaeth

obsesiynol (OCD), ynghyd â gwybodaeth i ffrindiau a theulu. Maen nhw'n darparu cymorth a chyngor i aelodau, a chyfle i gyfarfod â phobl debyg a gwneud ffrindiau ar hyd y ffordd. Maen nhw'n cynghori y dylid defnyddio'r wybodaeth ar y wefan, y fforwm negeseuon a'r ystafell drafod ochr yn ochr ag unrhyw ofal mae dioddefwr yn ei dderbyn ar hyn o bryd gan feddyg neu therapydd.

OCD-UK www.ocduk.org
Mae'r sefydliad hwn yn cael ei redeg gan ddioddefwyr ar gyfer dioddefwyr, ac yn gweithio gyda ac ar gyfer pobl ag anhwylder gorfodaeth obsesiynol (OCD).

Rethink www.rethink.org
Mae'r elusen aelodaeth iechyd meddwl genedlaethol hon yn helpu pobl sy'n cael eu heffeithio gan salwch meddwl difrifol. Ei nod yw gwneud gwahaniaeth ymarferol a chadarnhaol trwy ddarparu gobaith a grym trwy wasanaethau, gwybodaeth a chymorth effeithiol i'r rhai sydd ag angen help o'r fath. Mae'n cynnal ymchwil sy'n llywio polisi iechyd meddwl cenedlaethol ac yn ymgyrchu dros newid.

Mae ei gwefan yn cynnwys canllawiau am ddim ar ffurf PDF, taflenni ffeithiau, DVDs, pecynnau addysgol ac adnoddau iechyd meddwl eraill. Mae'r elusen yn helpu pobl sy'n cael eu heffeithio gan salwch meddwl i ddychwelyd i fyd gwaith. Yn ogystal, mae'n cynnig gwybodaeth, ac mae'n darparu taflenni ffeithiau ar anawsterau sy'n berthnasol i oedolion a phlant. Mae ei hadnoddau ar gael mewn sawl iaith.

SANE www.sane.org.uk
Mae SANE yn darparu gwybodaeth am bob agwedd ar salwch meddwl, gan gynnwys iselder ac iselder manig. Mae'r wefan hefyd yn cynnig cymorth ymarferol i unrhyw un sy'n cael ei effeithio gan salwch meddwl.

Gwybodaeth am gyflyrau iechyd meddwl

Y Sefydliad Iechyd Meddwl www.mentalhealth.org.uk
Mae'r Sefydliad Iechyd Meddwl yn dwyn ynghyd help a gwybodaeth sy'n seiliedig ar dystiolaeth i ddylanwadu ar bolisi ac ymarfer y Deyrnas Unedig ac i gefnogi pobl â salwch meddwl neu anableddau dysgu. Eu nod yw lleihau'r dioddefaint a achosir gan salwch meddwl a helpu pobl i fyw bywydau mwy iach yn feddyliol. Maen nhw'n helpu pobl i oroesi, gwella ac atal problemau iechyd meddwl trwy gynnal ymchwil a datblygu atebion ymarferol ar gyfer gwell gwasanaethau iechyd meddwl, gan ymgyrchu i leihau stigma a gwahaniaethu a hyrwyddo gwell iechyd meddwl i bawb. Maen nhw'n gweithio gyda phob ystod oedran a phob agwedd ar iechyd meddwl i wella lles meddyliol pawb.

GIG Cymru www.nhs.uk/gigcymruamdanomni
Nod gwefan y Gwasanaeth Iechyd Gwladol yw darparu'r

holl wybodaeth sydd ei hangen arnoch chi i wneud dewisiadau am eich iechyd. Mae'n cynnwys gwybodaeth am gannoedd o wahanol gyflyrau, cyngor ar fyw'n iach, a chymorth i'r rhai sy'n gofalu am eraill.

Y Sefydliad Iechyd Meddwl Cenedlaethol
www.nimh.nih.gov
Mae NIMH yn adrodd ar ymchwil ar bob math o faterion iechyd meddwl. Maen nhw'n darparu amrywiaeth o ddeunyddiau addysgol ar bob math o anawsterau, ynghyd ag adnoddau ar gyfer ymchwilwyr ac ymarferwyr yn y maes.

Y Sefydliad Cenedlaethol dros Ragoriaeth Glinigol
www.nice.org.uk
Sefydliad llywodraethol yw hwn, sy'n darparu gwybodaeth am achosion, mynychder a thriniaethau anhwylderau sy'n effeithio ar blant ac oedolion. Mae'n darparu canllawiau, yn gosod safonau ansawdd ac yn rheoli cronfa ddata genedlaethol i wella iechyd pobl ac atal a thrin salwch. Mae NICE yn gwneud argymhellion i'r GIG ar feddyginiaethau, triniaethau a gweithdrefnau newydd a rhai sy'n bodoli eisoes, ac ar drin a gofalu am bobl a chanddynt glefydau a chyflyrau penodol. Yn ogystal, mae NICE yn gwneud argymhellion i'r GIG, awdurdodau lleol a sefydliadau eraill yn y sectorau cyhoeddus, preifat, gwirfoddol a chymunedol ar sut i wella iechyd pobl ac atal salwch a chlefydau.

Netdoctor www.netdoctor.co.uk
Gwefan iechyd a gwybodaeth feddygol gydweithredol yw Netdoctor.co.uk; mae'n cynnwys meddygon, gweithwyr gofal iechyd proffesiynol, arbenigwyr gwybodaeth a chleifion sy'n credu y dylai ymarfer meddygol fod yn seiliedig ar wybodaeth a aseswyd o ran ei hansawdd a, lle bo hynny'n bosib, ar egwyddorion meddygaeth sy'n seiliedig ar dystiolaeth. Maen nhw'n grŵp annibynnol o dros 250 o feddygon a gweithwyr iechyd proffesiynol blaenllaw yn y Deyrnas Unedig ac Ewrop sy'n ysgrifennu, golygu a diweddaru'r wefan. Maen nhw hefyd yn ymateb i gwestiynau defnyddwyr ynglŷn â phryderon iechyd cyffredinol.

WebMD www.webmd.com
Mae gan y wefan hon adrannau ar gyfer y Deyrnas Unedig ac UDA. Darperir pob math o wybodaeth am faterion iechyd corfforol a meddyliol, gan gynnwys gwybodaeth am driniaethau seicolegol, therapi cyffuriau ac ataliad.

Adnoddau triniaeth i fynd â chi gam ymhellach

Therapi gwybyddol sy'n seiliedig ar ymwybyddiaeth ofalgar www.mbct.co.uk
Mae'r wefan hon yn darparu gwybodaeth ychwanegol am therapi gwybyddol sy'n seiliedig ar ymwybyddiaeth ofalgar.

Be Mindful www.bemindfulonline.com
Bydd y wefan hon yn eich helpu i ddod o hyd i gyrsiau ac adnoddau ymwybyddiaeth ofalgar yn eich ardal chi.

Get Self Help www.getselfhelp.co.uk
Mae'r wefan hon yn cynnig dewis eang iawn o ganllawiau ymarferol wedi'u hysgrifennu'n syml ar hunangymorth CBT, ynghyd â gwybodaeth, adnoddau a dewis eang o becynnau cymorth a thechnegau. Mae hefyd yn cynnwys taflenni gwaith therapi fel bod modd i chi gadw cofnod o'ch cynnydd. Caiff ei rheoli a'i gweinyddu gan therapydd CBT cymwys a chanddi flynyddoedd o brofiad o weithio gyda phobl â phroblemau iechyd meddwl.

Cymdeithas Meddygaeth Holistaidd Prydain
www.bhma.org
Mae'r sefydliad hwn yn cynnig podlediadau yn rhad ac am ddim ar amryw o bynciau, gan gynnwys rheoli straen, llesiant, a straen sy'n gysylltiedig â gwaith. Maen nhw hefyd yn darparu gwybodaeth am broblemau iechyd, triniaethau prif ffrwd a chyflenwol, a hunanofal. Yn ogystal, maen nhw'n datblygu taflenni ffeithiau ar gyflyrau cyffredin y gall therapïau cyflenwol a meddygaeth corff a meddwl fod o fudd iddyn nhw. Mae ganddynt ddiddordeb yn y sylfaen dystiolaeth ategol ac maen nhw'n agored ynglŷn â ble y gall hyn fodoli a ble nad yw'n bodoli. Yn ogystal, maen nhw'n cynnig amrywiaeth o dapiau hunangymorth.

Living Life to the Full www.llttf.com
Mae'r wefan hon yn darparu pecyn hyfforddi sgiliau bywyd hunangymorth rhyngweithiol yn seiliedig ar CBT ar gyfer y rhai sy'n dioddef iselder a gorbryder ysgafn i gymedrol. Yn ogystal, mae'n cynnig amryw o adnoddau y gellir eu lawrlwytho am ddim.

The Mood Gym www.moodgym.com.au
Dyma raglen arall sy'n cynnig hunangymorth ar-lein am ddim yn seiliedig ar CBT. Unwaith eto, mae'n debygol o fod yn fwyaf addas ar gyfer pobl ag anawsterau iechyd meddwl ysgafn i gymedrol. Gwefan o Awstralia yw hon, ond mae'r help ar-lein yn berthnasol i bobl mewn gwledydd eraill.

Beating the Blues www.beatingtheblues.co.uk
Pecyn triniaeth CBT ar-lein ar gyfer iselder yw Beating the Blues, ac fe'i hargymhellir gan y GIG ar gyfer pobl â symptomau ysgafn i gymedrol. Seiliwyd y pecyn ar dystiolaeth gadarn sydd wedi hen ennill ei phlwyf. Nid yw ar gael am ddim i gleifion unigol, ond mae modd cael mynediad ato am ddim trwy IAPT a gwasanaethau therapi seicolegol eraill ledled y Deyrnas Unedig (gweler yr adran 'Dod o hyd i help proffesiynol' yn gynharach yn y bennod hon). Holwch eich meddyg teulu am hyn.

Fideos ar-lein ar CBT ac ymwybyddiaeth ofalgar

Mae'r canlynol yn fideos ar-lein sy'n cael eu defnyddio

gan amryw o therapyddion CBT wrth addysgu pobl am fanteision defnyddio **ymwybyddiaeth ofalgar** (gweler Pennod 6) gyda dulliau CBT mwy traddodiadol. Rhowch y cyfeiriad cyfan yn eich porwr gwe. Bydd llawer o'r adnoddau uchod yn darparu cynnwys amlgyfrwng hefyd.

Philippe Goldin – 'Cognitive neuroscience of mindfulness meditation'

www.youtube.com/watch?v=sf6Q0G1iHBI
Mae'r fideo hwn yn dangos sut mae rhoi sylw i'r presennol yn gallu lleihau trallod. Mae'n sôn am elfennau mwy technegol ymwybyddiaeth ofalgar, ac yn esbonio'r rhannau o'r ymennydd a'r meddwl sy'n ymwneud â myfyrdod. Mae'n disgrifio'r **hunan-naratif** – a sut rydyn ni'n gallu credu'r straeon rydyn ni'n eu creu amdanon ni'n hunain yn fwy na realiti go iawn. Er ei fod braidd yn dechnegol ar adegau, mae'n werth ei wylio'r holl ffordd trwyddo.

Jon Kabat-Zinn – 'Coming to our senses'

www.youtube.com/watch?v=qvXFxi2ZXT0
Mae'r fideo hwn yn esbonio sut mae pobl yn colli cysylltiad â'u hunain ac yn dechrau cael eu llethu gan ymddygiadau a meddyliau dinistriol. Os gallwch chi ymdopi â'r cyflwyniad hirfaith (a'r farddoniaeth – sydd ddim at ddant pawb), gall y drafodaeth ei hun fod yn ysbrydoledig, ac mae'n syml iawn.

Diolchiadau

Mae gwerth llyfr yn seiliedig ar ba mor ddefnyddiol yw e i'r darllenydd. Mae Ian McLeod, Athro Gwadd yn y Gyfraith ym Mhrifysgol Teesside, wedi darparu cyngor gwerthfawr i wella'r eglurder a'r symlrwydd, gan gyfrannu at ei ddefnyddioldeb. Hoffem fynegi ein diolch i Ian a hefyd i Duncan Heath, ein golygydd, a'i dîm yn Icon Books am eu cymorth i wneud y llyfr hwn yn un o'r rhai mwyaf defnyddiol o ran galluogi pobl i newid.

Hoffem hefyd gydnabod y bobl ganlynol sydd wedi gwneud cyfraniadau sylweddol iawn i ddatblygiad ac ymarfer CBT, ac rydyn ni wedi gwneud defnydd eang o'u gwaith:

Aaron T. Beck, Judith Beck, Gillian Butler, David Clark, Albert Ellis, Paul Gilbert, Ann Hackman, John Kabat-Zinn, Paul Kennedy, Marsha Linehan, Stirling Moorey, Christine Padesky, Paul Salkovskis, Maggie Stanton, Richard Stott, John Teasdale, Adrian Wells a Mark Williams.

Cyflwyno

Does yr un dyn yn ynys, ys dywed yr hen air – na'r un fenyw chwaith. Hoffem ddiolch i'r creigiau o'n cwmpas (rydych chi'n gwybod pwy ydych chi) sydd wedi rhoi cymaint o gymorth ac anogaeth i ni wrth ysgrifennu – ac ym mhopeth arall. Ar eich seiliau cadarn chi gallwn sefyll yn gadarn a chryf, delio â bywyd a mwynhau!

Mynegai

'adegau peryglus' 120–1
adnoddau electronig 225–6
adnoddau triniaeth 233–5
agoraffobia 57–9, 88–9, 95–6
ailsgriptio delweddau 194
alcohol 26, 187
    adnabod dibyniaeth 102–4
    lleihau defnydd 123–5
anhwylder
    cysgu 15–19
        rhestr wirio asesiad 14
        technegau gwella 23–33
    gorbryder cyffredinol (GAD) 50–2, 94–5
    gorfodaeth obsesiynol (OCD) 59–61
    panig 55–6, 58–9
        delio â 80–1, 88–9, 95–6
    straen wedi trawma (PTSD) 53, 182–5
        delio â 187–95
        wedi'i ohirio 157
    gweler hefyd ôl-fflachiadau
anhwylderau
    gorbryder 49–63
        delio â 64–97
        meddyginiaeth 93–4
    hwyliau a chwsg 31
arbrofion ymddygiad 86–9
arfer
    adnabod eich gelyn 112–16
    datblygu 99–100
    dyddiadur 114–15
    methiannau 125–6 *gweler hefyd* dibyniaeth
    newid 117–25
    parhau ag arferion da 199–200
    penderfynu newid 104–12
'awtobeilot' 113

baglu 204–5
beta-ataladdion 93–4
breuddwydion 21

cadw'n brysur 171
caffein 26
canlyniadau 8–10

cefnogaeth
    gofyn am 179–80
    teulu a ffrindiau 213
credoau 7–10
    negyddol 135–6, 206–7
cryfderau a gallu 167
cwsg 13–38
    amgylchedd 23–4
    anhwylderau hwyliau 31
    cyfnodau 20–1
    dwfn 20
    dyddiadur 23
    faint sydd ei angen 19–20
    pryder 31–2
    symudiad llygaid cyflym (REM: *rapid eye movement*) 18
    'ton araf' 20
    ysgafn 20
cydbwysedd, ei gael yn iawn 207–8
cydbwyso meddyliau 64–5
cyflyrau iechyd meddwl, gwybodaeth am 231–3
cyffuriau, anghyfreithlon 187
'cyn' cwsg 20
cynllunio 89–92
cysylltiad graddedig 54, 82–3

darllen meddyliau 148–9
dibyniaeth 100–2
    gweler hefyd arferion

fideos ar-lein 235–6

ffactorau hanesyddol 168
ffobia cymdeithasol 54–5
ffobiâu 54–9

gofal iechyd preifat 217–18
gorbryder
    cymdeithasol, llyfrau am 222
    dealltwriaeth CBT o 47–9
    disgrifiad 40–1
    emosiynau 41–2
    iechyd 61–3, 96–7
    llyfrau am 221–2
    meddyliau 42–3
    synwyriadau corfforol 43–5

gorgyffredinoli 147
Gwasanaeth Iechyd Gwladol (GIG) 214–17
gwasanaethau IAPT 215
gweithgarwch, gwerth 137–9
gwobrwyo 121–2

help proffesiynol, dod o hyd i 213–14
hidlydd meddyliol 146–7
hunanfeirniadaeth 153–5, 179
hunanhypnosis 78–9
hunan-naratif 236
hunllefau 33–4
hylendid cwsg 25–30, 37–8

iselder 127–62
  achosion 134–5
  adnabod 130–1
  arwyddion cynnar 203–4
  baglu 204–5
  deall drwy CBT 132–3
  delio â 136–62
  dychweliadau 196–9, 207–10
  hwyl isel 'normal' 201–2
  llyfrau 220
  symptomau 128–9

llyfrau 218–25
  hunangymorth 218–20

meddwl
  gwyrgam 175–9
  meddwl am 157–8
  mewn du a gwyn 148
meddyginiaeth cysgu 34–5
meddyliau
  am hunanladdiad 132
  negyddol 122
    dod o hyd i ddewisiadau cytbwys i gymryd lle 151–7
    herio 145–62
    mathau o 146–51
    sbarduno 201
  ynglŷn â newid 109–12, 122

nicotin 101
nodweddion personoliaeth 168–9

ôl-fflachiadau 185–7
  ymdopi ag 189–92, 193–4

perffeithiaeth, herio 66–7
perthnasoedd
  gofalu am 207
  llyfrau i helpu 224
pethau sylfaenol, gofalu am y 170

rhagflaenwyr 8–12
rheol 5 munud 143
rhesymu emosiynol 149–51

sefydliadau gwirfoddol 228–31
sefydliadau proffesiynol 226–8
smygu 101, 106–8
stori'r parot 155–7
strategaethau
  osgoi 168
  sy'n gysylltiedig â dull 167–8
sugno bawd 115–16
sylw, canolbwyntio 72–3

Tim Iechyd Meddwl Cymunedol (CMHT) 215–16
tosturi 154–5
trefnu a chynllunio gweithgaredd 89–92, 141–2, 192–3, 199–200
tristwch, teimlo 172–4
troell negyddol 139–40, 144–5
trychinebu 147–8
twf wedi trawma 195
tybaco 26

therapi
  gwybyddol 2
  ymddygiad 1–2
  Ymddygiad Gwybyddol (CBT)
    dechreuadau 1–5
    model 'pum maes' 132–3

ymarfer corff 29, 172
ymddygiadau diogelu 84–6
ymgyrch 'Amser i Newid' 129
ymlacio 73–4
  technegau 28–9
  ymarferion 74–80
ymwybyddiaeth ofalgar 158–62, 205–6, 235–6
ysgogiad ymddygiadol 140–5
ystyr y digwyddiad 167

Nodiadau

Gallwch chi ddefnyddio'r tudalennau canlynol eich nodiadau eich hun ar unrhyw un o'r ymarf yn y llyfr.